Le Parthénon

et

le Génie grec

par

ÉMILE BOUTMY
Membre de l'Institut.
Directeur de l'École libre des Sciences politiques.

Paris, 5, rue de Mézières
Armand Colin & Cie, Éditeurs
Libraires de la Société des Gens de Lettres.

LE
PARTHÉNON
ET LE
GÉNIE GREC

Droits de traduction et de reproduction réservés pour tous les pays, y compris la Hollande, la Suède et la Norvège.

Coulommiers. — Imp. PAUL BRODARD. — 684-96.

LE PARTHÉNON
(État actuel.)

LE
PARTHÉNON

ET LE

GÉNIE GREC

PAR

ÉMILE BOUTMY

Membre de l'Institut
Directeur de l'École libre des sciences politiques

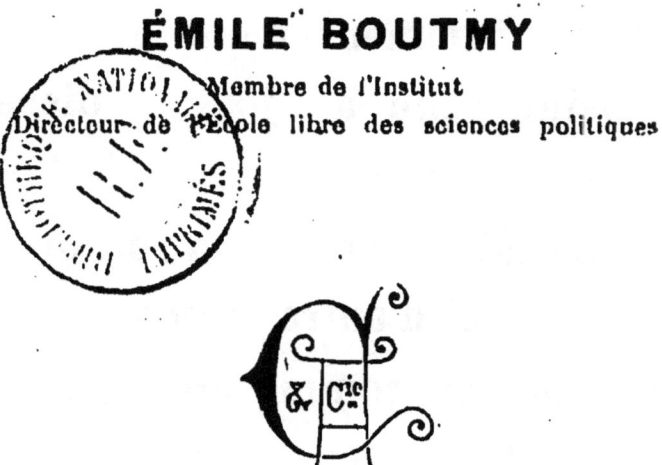

PARIS
ARMAND COLIN ET Cie, ÉDITEURS
Libraires de la Société des Gens de lettres
5, RUE DE MÉZIÈRES, 5
1897
Tous droits réservés.

PRÉFACE

I

Ce petit volume a été publié pour la première fois au commencement de l'année 1870[1]. A peine venu au jour, il disparut dans la rumeur et dans la fumée de l'invasion. L'auteur lui-même oublia son œuvre; d'autres pensées et d'autres soins le rendirent indifférent et comme étranger à un sujet qui l'avait longtemps passionné. Le Parthénon ne peut se découper que sur la profondeur d'un ciel clair; pendant plusieurs années, les figures de la forteresse et

[1]. Sous le titre : *Philosophie de l'architecture en Grèce*.

de l'école se dressèrent seules devant l'horizon gros de nuages.

Les pages qui suivent, relues après vingt-six ans, font revivre pour moi des années de jeunesse, de curiosité encyclopédique, de foi imperturbable dans la puissance de l'analyse. C'était la première fois que je publiais un livre, c'est-à-dire quelque chose d'un peu ample et de composé. Avant de publier une œuvre littéraire, il faut la concevoir et l'écrire, et cette opération est accompagnée d'impressions et d'émotions trop vives pour que le souvenir s'en efface. Écrire un livre est en quelque mesure un acte involontaire. On ne prend pas un sujet, c'est bien souvent le sujet qui nous prend, on en est possédé et comme halluciné; il tire à lui toutes nos pensées. On le porte en soi pendant des mois ou des années, et c'est comme une gestation maternelle après le viril et impétueux délire; on le sent croître et on a la conscience mystérieuse d'un travail dans la nuit, œuvre spontanée qui domine et enveloppe l'œuvre consciente. Peu à peu se dégage une certaine manière de regarder les choses, qui découpe et délimite le sujet et en fait comme un tableau dans son cadre; on voit surgir les deux ou trois hypothèses ou partis pris dont le penseur a besoin pour se guider dans la recherche et l'analyse; les faits resteraient dans un éternel chaos s'ils ne rencontraient un guide et comme un chef dans une certaine idée qui n'est pas née d'eux, puisqu'elle les précède et leur commande, mais de la spontanéité de l'esprit. Autour de cette idée, ils se groupent, ils s'agglutinent, se distribuent dans un certain ordre; et, par là, c'est elle qui décide virtuellement des conclusions de l'ouvrage. Il y a ainsi une dose d'à priori dans toute œuvre un peu originale. Toutes ces forces maîtresses, une fois en action et en jeu, que de choses encore! C'est l'entraînement d'une lecture effrénée qui ne connait ni satiété ni mesure, qui ne s'arrête point aux limites des genres, et fait son bien de tout ce qu'elle rencontre. Ce sont des notations qu'on aligne à l'infini, sans savoir d'abord lesquelles entreront dans la construction, lesquelles, matériaux délaissés, continueront de joncher le sol à pied d'œuvre. Ce sont ces mille et mille impressions qu'on ne note pas : les unes montent et se résolvent en jugements précis et lucides; les autres retombent et semblent s'évanouir, mais en fait se survivent dans ces instincts vagues et sûrs, dans ces sortes de divinations qui ont l'air d'être un don naturel, mais en réalité sont de l'acquis et comme de la poussière d'expérience. L'esprit y puise des raisons de décider très fortes et très impérieuses, mais formées d'éléments trop petits pour être aperçus et discernés. Tout ce travail, si intéressant à suivre dans les œuvres supérieures, quand on a la chance d'en découvrir la trace, se retrouve sur une moindre échelle dans l'œuvre la plus humble, pourvu qu'elle ait été conçue avec sérieux et sincérité.

Le charme de ces souvenirs, brusquement réveillés après un si long intervalle, ne m'a pas aveuglé sur les nombreuses et trop visibles imperfections de ce travail. Je ne me suis pas dissimulé notamment ce qu'il y a parfois de trop subtil dans l'analyse, de trop tendu dans le raisonnement, de trop tranché dans les divisions, de trop constamment imaginatif dans les dessous du style abstrait. J'ai été sensible à la gaucherie qui vient de ce que j'ai voulu toutes les transitions apparentes, toute l'ossature logique du style saillante et palpable. Je n'ai pu méconnaître que j'avais fait quelque abus de la notion de race. Si je n'ai pas entrepris de faire disparaître des défauts si clairement aperçus, c'est que le cas est très rare où un auteur peut corriger heureusement ou même impunément une œuvre depuis longtemps sortie de ses mains. Tant que l'auteur vit dans son œuvre, ou plutôt que son œuvre vit en lui, tant que son imagination et sa sensibilité se ramifient dans chaque phrase, pour ainsi dire, en fibres délicates et vulnérables, il n'a pas le reculé ni la demi-indifférence nécessaires pour voir juste et pour bien juger. Et quand il cesse d'être trop près, on peut presque dire qu'il est déjà trop loin. L'inspiration originale perd très vite sa plénitude et sa fraîcheur; or, il n'y a que cette inspiration qui puisse régénérer du dedans en quelque sorte les parties à refaire et les animer de la même vie que tout le reste. Tous les changements de détail qu'on opère du dehors et après coup peuvent paraître d'un bon effet à l'instant et à l'endroit où on les introduit; à la fin et dans l'ensemble on s'aperçoit qu'ils engendrent l'incohérence et le disparate. Ajouterai-je qu'un livre écrit avec conviction et avec quelque feu porte en lui-même un principe de correction de ses erreurs? La candeur de ses exagérations, la sincérité de ses partis pris font que rien n'en échappe au lecteur, en sorte que celui-ci se trouve dûment averti et n'a pas de doutes sur le sens et le degré des atténuations à opérer. Que si l'auteur entreprenait de corriger à fond un texte auquel il est devenu presque étranger, il n'y réussirait qu'à demi, juste assez peut-être pour que le lecteur ne sût plus cette fois à quoi il a affaire et n'eût plus de règle simple et facile pour ramener les choses au point. En somme, un livre est une chose qui a vécu. Il a une date, un âge et le tempérament de cet âge. Il n'y faut faire que des changements qui ne risquent pas d'effacer ou de rendre incertains ces attributs de la personnalité et de la vie. Une correction et une tenue presque irréprochables — le mot ne veut nullement dire parfaites — ne compensent pas plus pour un ouvrage littéraire que pour un homme une diminution de l'ingénuité et de l'élan, de la physionomie et de l'individualité.

II

Puisque j'ai commencé sur le ton qu'on prend quand on cause avec soi-même et qu'on pense tout haut, on m'excusera de prolonger la fiction d'un lecteur indulgent et de donner place ici à quelques remarques sur la méthode que j'ai suivie et sur les limites où j'ai renfermé mon sujet.

La méthode est celle que Taine a magistralement exposée et illustrée dans son

Histoire de la Littérature anglaise. Les jeunes gens de ce temps-là, aujourd'hui des vieillards, se rappellent la profonde émotion causée par ces pages mémorables. Il sembla que la critique littéraire, jusque-là livrée à la fantaisie, s'appropriait les procédés et s'élevait à la dignité d'une science exacte. L'avènement de la nouvelle méthode fut salué avec transport. Ce n'est pas ici le lieu de présenter un abrégé, nécessairement incomplet, d'une théorie que chacun peut aisément aller chercher dans l'ampleur et l'éclat du texte original. J'en indiquerai seulement, en quelques mots, le principe et l'esprit.

Il y a cinq ou six ordres de faits ou d'idées qui sont les cadres naturels et demeurent ensuite les témoins de toute civilisation digne de mémoire. Ce sont : la langue et la grammaire, les dogmes religieux et le culte, la littérature et les beaux-arts, la philosophie et les sciences, l'organisation sociale et les institutions politiques. Les aptitudes et les tendances les plus générales de la sensibilité et de l'imagination, de l'intelligence et de la raison, de la conscience et de la volonté mettent leur empreinte sur ces puissants organismes; elles en déterminent presque souverainement le caractère. De là vient qu'ils diffèrent suivant la race, le milieu où elle a vécu, les antécédents de son histoire; de là vient aussi que, pour le même peuple et à la même époque, ils se présentent comme les parties d'un même tout, comme les modes d'une même cause vivante et indivisible; en sorte que chacun d'eux trouve dans tous les autres des images pour ainsi dire transposées de lui-même, avec des points de correspondance qui font de ces images le plus précieux des commentaires, la plus lumineuse des contre-épreuves. C'est, au fond, la même activité spirituelle qui les a façonnés, la même âme collective qui s'y est exprimée et veut s'y reconnaître. On voit aisément que le psychologue est seul capable de saisir le secret le plus reculé de leur formation, de pénétrer jusqu'au siège profond de leur unité, et que toute étude portant sur un de ces grands ensembles est, au moins dans la mesure où ils sont objet de science, une dépendance et comme un des chapitres d'une psychologie historique et sociale.

Cette méthode a rencontré de singulières destinées. Elle avait assurément plus d'un défaut (quelle méthode en est exempte!); elle avait surtout celui de prêter à de certaines exagérations. Toutefois, ni ses exagérations ni ses défauts ne furent la cause principale de l'abandon où elle tomba et où elle est restée depuis 1871.

Après la guerre franco-allemande, les cruels mécomptes que nous avaient valu l'ignorance et la légèreté de nos hommes d'État engendrèrent une préoccupation de n'être pas dupe des mots, une volonté en quelque sorte raidie d'aller aux choses elles-mêmes, qui ont étendu de la politique à toutes les sciences leur défiance et leurs précautions contre les considérations spéculatives. La méthode psychologique, notamment, devint suspecte; on trouva qu'elle reprenait les choses de trop haut, qu'elle embrassait trop pour bien étreindre, qu'elle admettait une trop grande proportion de conjectures. On ne voulut plus d'arguments que ceux qui reposaient directement sur des faits ou des témoignages de faits; on ne se tint plus pour garanti contre l'erreur qu'à la condition de rester constamment à portée des documents positifs, d'en avoir un à produire, en quelque sorte, pour chaque affirmation importante. C'est l'époque où un savant distingué, un maître dans les sciences historiques, déclarait qu'on en avait pour cinquante ans à se renfermer dans des études de détail et à se garder de toute conclusion un peu compréhensive. Dans ce cercle si limité on ne s'interdisait pas toutefois la conjecture ; en histoire et en archéologie notamment, on en a usé avec une heureuse et subtile audace. A-t-on cru que la matérialité du point de départ — tableaux statistiques, vieux parchemins, inscriptions lapidaires, citations d'auteurs originaux — se communiquait en quelque sorte à l'hypothèse et lui prêtait quelque chose de sa solidité ? De cette nouvelle conception de la méthode, il n'y a pas lieu de se plaindre ; nous lui avons dû un rajeunissement des études documentaires, et toute une série de découvertes savantes, ingénieuses, finalement très hardies sous leur prudence apparente. Mais toutes les sciences morales, je dirai même l'érudition, éprouveraient un grand dommage à abandonner complètement la méthode psychologique. La preuve directe par le document atteint les faits, leurs rapports les plus immédiats, leurs causes les plus rapprochées, cela peut suffire pour un temps à l'esprit humain; mais la curiosité intellectuelle ne s'arrête pas longtemps à cette limite; elle veut connaître les causes profondes, et la psychologie seule les révèle avec quelque certitude. Car il n'est point exact que l'immensité de son champ d'observation diminue la solidité de ses prises sur les vérités à établir. Ces prises sont, en un sens, d'autant plus sûres que ce champ est plus vaste; car la vraisemblance d'une hypothèse sur les causes un peu profondes, le crédit qu'elle mérite, se mesurent, en dernière analyse, à l'étendue plus ou moins grande sur laquelle elle fait régner l'ordre, l'enchaînement, la conséquence logique entre les faits observés.

Les preuves psychologiques sont, dans la science, ce que sont dans une affaire criminelle les preuves morales : antécédents du prévenu, milieu dans lequel il vit, conduite qu'il a tenue en d'autres occasions et ce qu'on peut induire de là sur son naturel et sur les mobiles de ses actions. Ces preuves sont absolument impuissantes, en l'absence d'un fait attesté, à déterminer la conviction de l'accusé. Mais une procédure qui ne les admettrait pas et n'ajouterait foi qu'aux témoignages portant directement sur l'acte incriminé, se priverait des lumières les plus précieuses [1]. Elle pourrait déterminer le fait même du crime, elle n'atteindrait pas les motifs et resterait incertaine sur la question de la responsabilité morale. Je crois fermement qu'un jour viendra où l'analyse et la synthèse psychologiques sor-

---

1. C'est en partie, on le sait, le cas de la procédure anglaise.

tiront de leur longue disgrâce. C'est pour interrompre la prescription et tenter, s'il se peut, des penseurs mieux armés que je n'ai pu l'être, plus capables d'accréditer, par le succès, le procédé qu'ils emploient, que j'ai exhumé cet humble témoin d'une méthode injustement délaissée.

III

C'est sans doute le droit d'un auteur de demander à être jugé sur ce qu'il a voulu faire ; il se peut qu'on eût désiré de lui davantage ou autre chose et qu'on lui sache mauvais gré de n'avoir pas répondu à cette attente ; mais il n'est strictement tenu que des dettes qu'il a délibérément contractées et, en bonne justice, il est quitte s'il a fourni la provision nécessaire pour s'en libérer. Or, ce que j'ai voulu faire, ce n'est ni un mémoire archéologique, ni un chapitre de l'histoire de l'art; c'est une étude de psychologie et d'esthétique sur l'architecture grecque de la période classique. En conséquence j'ai jugé que le meilleur parti était de considérer cette architecture dans le monument le plus achevé de la période et d'y relever les fermes et fortes empreintes du génie grec, parvenu à la plénitude de sa maturité. J'ai mis en présence deux individualités parfaites et je les ai commentées l'une par l'autre.

Cette conception particulière du sujet dispensait l'auteur — nous en avons du moins jugé ainsi — de rechercher et de classer les formes successives que l'art en progrès a traversées pour arriver à l'œuvre parfaite. Sur les causes psychologiques de cette œuvre, on a, en effet, moins à apprendre de ces tâtonnements que des créations d'un autre genre — philosophiques, littéraires, scientifiques, etc. — où le génie grec s'est exprimé avec une égale perfection. La vraie famille est ici l'ensemble des collatéraux du même degré, plutôt que la série des ascendants dont les plus anciens sont parfois grossiers et à peine reconnaissables. Ce sont ces collatéraux qu'il faut surtout regarder pour compléter, assurer, préciser le jugement qu'on porte sur une œuvre comme le Parthénon. La description du coucher de Télémaque dans Homère nous fournit un meilleur commentaire de l'art consommé qui se manifeste dans la structure de la colonne parthénonienne, que le pilier polygonal de Beni-Hassan où l'on a voulu en voir la préparation et l'ébauche.

Dirai-je ici toute ma pensée? Je la dis à voix basse et avec quelque humilité; car ce qui en ressortira de plus clair c'est que je n'ai rien des dons et de la vocation de l'archéologue. Les « antécédents » en archi-lecture auraient assurément une haute valeur psychologique si l'on pouvait en établir la gradation avec la certitude très satisfaisante qu'on a réalisée pour certaines étymologies; il faudrait qu'on pût suivre l'évolution d'une forme comme on suit celle d'un mot dont on voit par de nombreux exemples, de siècle en siècle, d'abord une lettre tomber, puis une terminaison s'assourdir, deux syllabes se contracter en une, des articulations se substituer à d'autres d'après une loi constante. Mais combien est rare pour l'archéologue une telle fortune! Dans l'indigence documentaire où il est habituellement réduit, il est condamné à une hardiesse qui devient facilement de la témérité, s'il ne possède pas les dons les plus rares. Voici deux formes qui se ressemblent; il lui faudra un grand effort pour admettre deux formations séparées et parallèles; il sera tenté au contraire de supposer une imitation. Voici un exemplaire unique : c'est peut-être, c'est probablement une création individuelle et toute locale ; mais comme tout s'ordonnerait mieux si c'était le seul spécimen survivant d'une forme de transition générale ! On ne résiste guère à un si spécieux arrangement. Je crains bien que Viollet-le-Duc, par exemple, n'y ait fréquemment cédé. Que de fois n'a-t-on pas lu dans de savants mémoires — ce sont là des formules assez ordinaires — : « Il y a des indices que tel artiste a visité tel rivage méditerranéen ; s'il l'a visité, il a pu pousser jusqu'à telle ville qui n'est qu'à une journée plus loin et, s'il a vu cette ville et ses monuments, c'est de là qu'il a dû rapporter certains motifs de décoration qui présentent en effet un caractère particulier dans son œuvre ». Remarquez que toutes ces probabilités ou possibilités, on les additionne, on les multiplie l'une par l'autre, et qu'à chaque somme ou produit on se croit plus assuré de tenir la vérité, sans réfléchir qu'en multipliant les parts de vraisemblance des hypothèses successives on a multiplié du même coup leurs parts, presque toujours bien plus grandes, d'incertitude, en sorte que c'est sur des raisons de douter de plus en plus fortes et décisives que sont fondées, en dernière analyse, des affirmations de plus en plus confiantes et décidées. Hâtons-nous d'ajouter que ces témérités sont l'excès inévitable d'une qualité nécessaire. L'archéologue n'a pas le choix; il doit se contenter d'abord d'un coefficient de probabilités très faible; il n'arrivera à rien s'il n'a commencé par se risquer sur des gages très incertains. Ce n'est qu'à la longue que ses conjectures se combinent, se soutiennent entre elles — quand elles ne s'entre-détruisent pas, — qu'elles prennent corps et qu'elles peuvent servir à d'autres qu'à lui. Je les comparerai volontiers à ces crampons que l'ingénieur plante comme il peut, et d'abord à de larges intervalles, dans le flanc abrupt d'un mont, pour servir d'appui à un sentier suspendu sur le vide; il y pose déjà en imagination son étroite chaussée. Mais c'est seulement quand les crampons seront plus nombreux et plus rapprochés qu'il pourra la poser réellement et inviter le psychologue à s'y aventurer. Celui-ci ne peut cheminer d'un pas ferme et hardi — car il a lui aussi ses hardiesses — que sur un terrain solide et continu.

L'archéologie a fourni et compte aujourd'hui encore plus d'un homme supérieur, réunissant au savoir et à la pénétration de l'érudit l'acquis et le tact délicat de l'artiste, capable, grâce à ces maîtrises si variées, de voir beaucoup où nous ne voyons rien et de se guider par des raisons que notre raison n'entend point. Je m'incline avec admiration devant ces intuitions si sûres, et je demeure émerveillé des prodiges de science, de sagacité, de fécondité ingénieuse dont la préparation de ce livre a fait passer devant mes yeux tant d'exemples. On comprendra toutefois, après avoir lu ce qui précède, que je me félicite de n'avoir pas eu à les retenir en grand nombre et à en faire emploi sous la garantie d'une conviction personnelle. La manière dont j'ai conçu mon sujet rendait ces emprunts superflus. L'intérêt même des fouilles récentes, qui ont exhumé du sol de l'Hellade tant de formes archaïques rudimentaires et d'ébauches — plus instructives, il est vrai, pour la sculpture et l'épigraphie que pour l'architecture, — ne m'a pas fait sortir de ma réserve. J'ai fait de ces richesses un usage très discret. C'eût été une vaine ostentation de science tenue au courant et mise à jour, que de préférer de nouveaux spécimens aux anciens, alors que tous ces antécédents n'avaient pour moi qu'une valeur de contre-épreuve, et que j'avais déjà trouvé, en ce genre, tout le nécessaire dans la masse des faits antérieurement connus.

IV

Ces fouilles ont également porté sur les pays circonvoisins de la Grèce. On a exhumé en Égypte, en Phénicie, en Syrie, en Perse, les restes d'une architecture déjà très avancée, et, dans plus d'un de ces monuments, on a cru reconnaître les prototypes ou les ébauches des formes que le Parthénon a éternisées. Il y a, en effet, de fortes raisons de croire que plusieurs des dispositions, des motifs et des ornements qu'on admire dans l'édifice modèle ont eu là leur lointaine ou prochaine origine. Mais cette filiation probable ne diminue en rien cette profonde originalité de l'art hellénique qui a été le postulat de toute notre analyse. L'excellence des Grecs en architecture s'est manifestée par deux caractères : le fini, l'achevé, l'exquis de chaque forme particulière, et surtout l'harmonie facile et puissante, la forte logique intérieure de l'œuvre d'art totale. Ces deux genres de perfection, les Grecs ne les ont dus qu'à eux-mêmes et à leur propre génie. Que plus d'une forme d'architecture du siècle de Périclès procède d'un modèle ou d'un prototype oriental, cela n'ôte rien à la grandeur et à l'imprévu du miracle d'art accompli par la Grèce. Autre chose, en effet, est de fournir des éléments qui trouvent place dans l'œuvre monumentale; autre chose est de contribuer à l'inspiration, j'allais dire à la formation de l'état de conscience, d'où est sortie la beauté suprême. La beauté telle que les Grecs l'ont comprise n'est pas une somme d'effets qui s'additionnent; c'est une harmonie d'effets qui se tempèrent et se balancent, s'annulent ou se retranchent aussi souvent qu'ils s'ajoutent. Qu'ils soient tous réunis sauf un seul, l'impression esthétique pourra être nulle si l'accord total dépend précisément de celui qui manque. Les formes élémentaires ou partielles, si attrayantes qu'elles soient par elles-mêmes, n'apportent donc à l'œuvre d'art, jusqu'au dernier moment, qu'une contribution incertaine; elles n'ont point, à vrai dire, de valeur propre; leur valeur dépend de rapports multiples, délicats, souvent insaisissables, dont les combinaisons fragiles et fugitives échappent parfois à l'artiste à l'instant même où il croit tenir le secret de la perfection. Au fond, la beauté répond dans l'âme humaine à un certain équilibre entre des impressions nombreuses et variées. Comme tout équilibre, un rien le produit, un rien suffit pour le détruire; et ce *rien* — qui est *tout* — ne dépend pas de tel ou tel élément matériel qui a pu être emprunté; il dépend d'un rapport ou d'un ensemble de rapports. Tels, ces intervalles de temps ou de tons entre les notes successives ou frappées ensemble, que le compositeur entend tout d'un coup dans sa tête et qui déterminent, soit l'allure du rythme soit la consonnance harmonieuse de l'accord.

Je n'ai garde de prétendre que la méthode psychologique puisse saisir et enfermer dans une formule le secret de la beauté. Le miracle d'art lui échappe à elle aussi; s'il se laissait surprendre, il ne serait plus miracle : l'art aurait perdu sa partie divine. Mais la psychologie est l'instrument qui nous fait pénétrer le plus près de la beauté suprême, parce qu'elle saisit les ensembles, et que la beauté, étant une harmonie, est essentiellement un ensemble. J'ajoute qu'elle en approche plus dans l'art grec que dans tout autre. Toute beauté comprend une partie intelligible qui se déploie entre une partie instinctive et purement sensible et une partie transcendante, lesquelles nous échappent toutes deux, l'une par l'exiguïté, l'autre par la complexité de ses éléments. Elle est comme un arbre dont le tronc solide continue hors de terre des racines qu'on ne voit pas, et enfonce dans la nue une cime que dérobe l'abondance de son propre feuillage. Or, il n'y a pas d'art où la partie intelligible ait plus d'importance et d'ampleur que dans l'architecture grecque. Nulle part la raison et l'imagination n'ont dégagé des rapports et mis en jeu des artifices plus déliés, plus aisément décomposables. Ce livre en fournira suffisamment la preuve. On dira peut-être que nous avons prêté à Phidias des idées qu'il n'a jamais eues, des raisonnements qu'il n'a jamais faits. La vérité est que toute cette dialectique peut avoir été présente *dans l'esprit* du grand artiste sans l'avoir été *à son esprit*. Elle y était à l'état inconscient ou demi-conscient. Qu'il n'ait pas été capable d'en suivre en lui-même l'opération, n'est pas une preuve qu'elle n'ait pas dirigé son génie et sa main. On peut ignorer qu'il y a une feuille dans le bourgeon; elle y existe pourtant roulée sur elle-même et invisible; un peu d'art suffit pour la déplier aux yeux et l'étaler, et elle apparaît alors pourvue de tous ses organes. De même un syllogisme, pour avoir la forme d'un enthymème, n'en est pas moins un syllogisme, et l'on peut, sans rien fausser ni forcer, le restituer dans son ordonnance de raisonnement régulier et complet. Est-il besoin de dire ce que contient cette partie intelligible et raisonnée? Les Grecs ont été les premiers dans le monde à découvrir que la beauté est ce qu'il peut y avoir de plus déterminé, qu'on la chercherait en vain, à l'exemple des arts orientaux, dans l'énorme, l'indéfini et le monstrueux où notre dépravation esthétique tend de nouveau à la confondre; qu'elle est faite d'ordre, de mesure, d'appropriation; qu'elle s'obtient en architecture à trois conditions : l'unité de signification ou de fonction de chaque organe, l'unité du but de l'œuvre totale, la convergence des effets.

Voilà la vérité dont les Grecs ont fait don à l'esprit humain; ils ne l'avaient reçue de personne. Elle a produit, par leurs mains, des œuvres immortelles. Peu importe qu'on puisse signaler dans ces œuvres des imitations directes ou des transpositions, y reconnaître des formes longuement préparées ailleurs et que l'artiste n'a fait qu'achever; ces emprunts, dont le nombre pourra encore grossir à la suite de nouvelles fouilles archéologiques, n'ôtent rien à la puissante individualité de l'architecture grecque. Cette individualité a son siège plus haut; elle est comme l'âme de Simmias : une musique [1]; elle est faite, non de substances, mais de rapports. Le Parthénon a été l'exemplaire le plus parfait de la conception la plus riche, la plus *organique* qu'il y ait eue de l'art monumental; c'est pourquoi nous l'avons décomposé autant qu'il s'y prêtait, afin de mieux faire sentir, par l'analyse, la synthèse fine et puissante d'où il est issu. Si l'on juge que nous n'avons pas réussi à expliquer l'architecture grecque par la psychologie, il nous restera peut-être d'avoir trouvé un commentaire à la psychologie de la Grèce dans son architecture. Le Parthénon est, en quelque sorte, l'expression plastique, le moulage de l'esprit grec.

1. V. le Phédon, page 64 de la traduction Saisset.

LE MILIEU PHYSIQUE

ET MORAL

VUES GÉNÉRALES

Les cent dernières années ont vu se renouveler toutes les parties de l'histoire, notamment l'histoire de l'architecture. On a exhumé au commencement du siècle les grandeurs mystérieuses de l'ancienne Égypte; plus tard on a retrouvé le style gothique, longtemps masqué par la pompe monumentale du xvii° siècle; on commence à entrevoir les magnificences de l'Hindoustan; on a découvert, enfin, les beautés naguère encore profondément ignorées de l'art grec des vi° et v° siècles. Il y a cinquante ans, on les cherchait encore, on croyait les trouver où elles n'étaient pas. On regardait Athènes à travers Rome; on qualifiait de grecs, avec une incroyable assurance, les débris d'architecture qui se dressent encore sur le Forum romain. A l'exemple des grands artistes de la Renaissance, on considérait le traité de Vitruve comme la Bible de l'art hellénique, comme le résumé fidèle des règles inventées ou observées par un Ictinus ou un Mnésiclès, un Callicrate ou un Libon. On ne doutait pas que l'ordre du temple d'Hercule à Kora ou les ordres de Palladio ne fussent des exemplaires aussi typiques du style grec de la bonne époque que les colonnes, vues de loin et en passant, du Parthénon ou de l'Erechthéion. On se figurait que les grands architectes du temps de Périclès, amenés devant la Madeleine, par exemple, n'auraient été surpris que de la grandeur de l'édifice; on tenait pour certain qu'ils y auraient reconnu, appliqués dans un cadre monumental plus large, non seulement les dispositions générales des temples construits par eux, mais les formes particulières qu'ils avaient adoptées pour chaque membre, et surtout cette unité de la conception d'ensemble, cet art de subordonner les effets et de les fondre dans une impression homogène, ce sens délicat de l'harmonie, cette liberté souveraine dans l'emploi des proportions, qui ont de tout temps composé le caractère d'un grand style.

Un regard jeté sur les monuments de la Grèce elle-même, par quelques voyageurs attentifs, a subitement dissipé l'illusion. Il a suffi d'étudier un seul exemplaire vraiment authentique pour voir que ni les grands partis de la composition, ni les proportions, ni les profils d'un monument grec ne ressemblent à ceux des monuments dont les ruines jonchent la surface du Latium. On s'est aperçu que l'art romain, comparé à l'art grec, avait le caractère de ces traductions « nobles et généreuses » à la Dacier, qui ont pendant tant d'années défiguré le vieil Homère; il est devenu évident qu'on avait eu devant les yeux, non un manuscrit de première main, mais un parchemin surchargé qu'il aurait fallu gratter comme un palimpseste. Avec plus d'étude on s'est convaincu que les ordres romains ne sont pas même une traduction directe, et qu'ils se rattachent, non au style monumental de l'Hellade

1.

pendant le siècle de Périclès, mais aux édifices de l'Orient hellénisé par Alexandre ; si bien que c'est à Pergame, à Cyzique, à Antioche, à Rhodes, à Alexandrie, plutôt qu'à Athènes, qu'il faut chercher les premiers modèles de l'architecture gréco-romaine, plus d'une fois réimportée, par la suite, dans ses pays d'origine, avec des altérations qu'explique la différence des temps et des lieux. Enfin on s'est aperçu que Vitruve, dont les jugements avaient été acceptés sans contrôle et comme des vérités qu'on ne discute pas, n'avait connu que cette architecture gréco-orientale et qu'il ne l'avait connue que par les livres ; le prince des architectes s'est trahi comme un compilateur peu intelligent et peu exact des théoriciens d'Alexandrie. On s'est étonné de lui entendre dire que les « anciens » n'ont pas employé l'ordre dorique pour les temples [1], quoique le Parthénon soit un édifice dorique, — que les temples doivent être orientés de façon que la statue regarde l'ouest [2], quoique tous ceux qui ont été retrouvés

---

[1]. Vitruve, liv. IV, ch. III.
[2]. Vitruve, liv. IV, ch. V.

dans l'Hellade proprement dite s'ouvrent au levant, sauf un qui a son axe du midi au nord! etc..... Il devint évident que Vitruve n'avait guère quitté son cabinet et sa bibliothèque, qu'il n'avait consulté que le texte d'Hermogène ou d'autres architectes postérieurs au siècle d'Alexandre; que, pour connaître l'art grec de la belle époque, il convenait, au moins pour un temps, de récuser ce témoin mal informé, et d'aller étudier sur place celles des œuvres du vi^e et du ve siècle que le temps et les hommes avaient épargnées.

Des érudits, des artistes, entreprirent avec ardeur cette besogne difficile. Nos pensionnaires des écoles de Rome et d'Athènes n'ont cessé de la poursuivre avec talent et succès. Il faut citer au premier rang les travaux intéressants de M. Beulé, les belles études de MM. Garnier et Paccard[1]. Quand on consulte

---

[1]. Depuis que ces pages ont été écrites, c'est-à-dire depuis vingt-six ans, des découvertes d'une importance capitale pour l'histoire de l'antiquité ont été faites tant en Grèce qu'en Asie Mineure et dans les îles de l'archipel. Une génération nouvelle de savants s'est formée et les études archéologiques ont reçu d'elle une impulsion vigoureuse et féconde. Le public s'est de plus en plus intéressé aux

la liste des envois, on remarque que le premier monument vraiment grec qui ait fait l'objet d'une restauration est le temple de Minerve fouilles qui lui mettaient peu à peu sous les yeux tous les détails de la vie publique et privée des anciens, et, par ses encouragements, il a enhardi les savants à multiplier leurs explorations, tandis que les gouvernements les aidaient par de larges subsides. Le nombre des grandes découvertes archéologiques accomplies depuis 1870 est trop considérable pour que nous puissions faire autre chose que citer les plus importantes.

En premier lieu les merveilleuses trouvailles de l'Allemand Schliemann à Hissarlik, à Mycènes (1874-1876), à Ithaque (1878), à Orchomène (1881) et à Tirynthe (1884-1885). Notre École française d'Athènes a reconstitué la ville sainte de Délos (M. Lebègue en 1873, M. Homolle de 1877 à 1880, puis en 1885 et 1888); elle a ouvert la nécropole de Myrina (1880-1882); elle a mis au jour les temples d'Apollon Ptoïos à Karditza et d'Athena Cranaia à Mantinée; enfin, tout récemment, elle a fait surgir de terre les merveilles du sanctuaire de Delphes.

Le gouvernement grec et la Société archéologique d'Athènes ont retrouvé les secrets du culte de Déméter à Eleusis (1882-1889) et de celui de Jupiter à Dodone (1878); ils ont tiré de nouvelles richesses du sol de l'Acropole d'Athènes (1882-1889).

L'Institut allemand d'Athènes a poursuivi pendant six campagnes, de 1875 à 1881, les fouilles d'Olympie, commencées par Curtius.

En Asie Mineure, l'Anglais Newton a retrouvé les statues colossales du temple d'Apollon Didyméen et les sculptures de l'école attique d'Halicarnasse; les Autrichiens ont recueilli la précieuse frise de Göl-Baschi; les Allemands ont mis au jour l'Acropole de Pergame.

J'ai expliqué dans la préface mise en tête de ce livre pourquoi tous ces faits nouveaux avaient peu de chance d'affecter — et n'ont pas, en effet, modifié — les conclusions auxquelles j'avais été conduit en 1870 par l'étude des documents antérieurement connus.

Poliade, étudié par Ballu en 1845. A partir de cette époque, les travaux d'après les types monumentaux de l'Hellade se succèdent presque sans interruption jusqu'en 1854; les édifices gréco-latins semblent abandonnés. On y revient dans les restaurations postérieures; c'est que, pour un temps du moins, la Grèce est un champ presque épuisé. Tous les exemplaires alors connus de l'architecture proprement hellénique ont, en effet, donné lieu à des travaux approfondis dont plusieurs sont définitifs. En attendant que les fouilles exhument d'autres édifices et de nouveaux sujets d'analyse esthétique ou savante, on se trouve donc ramené à l'étude des monuments romains, car celle-ci est à refaire selon l'esprit et d'après les règles de la critique contemporaine.

Dans cette série d'études, incessamment allongée et amplifiée par les recherches de nos savants et de nos artistes, la science historique moderne a introduit en effet des principes d'interprétation plus larges et plus sûrs. De ces principes, le plus essentiel est qu'à ses yeux toute œuvre d'art, fût-ce une strophe lyrique, est une œuvre collective, puisqu'elle cherche, pressent, obtient la sympathie. Et combien cela est plus vrai encore d'un monument élevé sous les yeux de tout un peuple, pour un service public et positif! Ici l'artiste ne peut pas être un initiateur, un éclaireur perdu en avant de la foule, comme le poète ou le peintre le sont quelquefois. Ceux-ci peuvent exceptionnellement s'enfuir loin du monde, peupler les solitudes de leurs rêves, protester contre les mœurs de leur temps. L'architecte, lui, ne saurait s'écarter de ce peuple qui lui dicte ses programmes, il est forcé de le prendre au sérieux; l'ironie, la satire, la misanthropie, le caprice, sources parfois fécondes ailleurs, tarissent sur son domaine; sa fantaisie subit deux servitudes qui l'attachent à son siècle, le retiennent dans son milieu social : le besoin actuel qu'il est chargé de satisfaire et le grand jour théâtral qui éclaire son œuvre. Aussi n'est-il jamais seul au travail; il sent derrière lui toute une multitude d'hommes qui regardent par-dessus son épaule, le pressent de leurs questions, veulent savoir si leurs goûts seront satisfaits, leurs habitudes respectées, leurs idées traduites. Que de fois un ordre, une objection de ce collaborateur invisible a fait dévier le crayon! Il n'y a point de monument qui ne porte cette empreinte de la main du maître, la trace du puissant coup d'ongle populaire que l'artiste n'a fait que repasser au noir. C'est cette précieuse esquisse qu'il faut retrouver, pour comprendre une architecture historique. Une critique qui ne ferait état que des traditions et de l'esthétique d'école, des nécessités et des procédés techniques, des analogies de formes avec d'autres monuments ne réussirait le plus souvent qu'à encourager, à rendre spécieux par un certain appareil les contre-sens les plus décidés.

Ce qu'il importe avant tout de connaître, pour pénétrer un grand style, c'est l'âme même du peuple et du siècle qui l'ont suggéré, goûté, propagé. Cette âme s'est peinte dans la religion, dans la philosophie, dans la littérature, dans la politique, dans la vie de société. Voilà le cercle qu'il faut parcourir avant de considérer le monument lui-même. Il faut interroger les mœurs sur le programme imposé à l'architecte, la philosophie sur sa méthode, la littérature sur sa manière de sentir, la religion sur la nature de son plus haut idéal. Quand on aborde avec toutes ces lumières l'architecture qu'on a étudiée d'abord avec de simples notions techniques, on croit voir au soleil l'objet qu'on palpait à tâtons dans les ténèbres. C'est comme une sève puissante qui, de tous ces alentours, pénètre, ranime, colore le cadavre monumental. L'artiste, emprisonné dans la catégorie du beau, ne nous livre que des impressions et des intuitions dont la cause lui échappe; il explique naïvement la fleur par sa couleur et son parfum. L'archéologue ne nous fournit, en quelque sorte, qu'un herbier de formes inanimées, parfaitement classées d'après leurs analogies extérieures, mais séparées de leurs racines profondes et privées de leur sève natale. L'historien et le critique doivent nous montrer la plante en pleine terre, à l'endroit de sa station naturelle, à portée de tous les sucs dont elle s'est nourrie, au milieu de toutes les autres efflorescences qui sont nées du même terrain, sous la même lumière, et qui ont reçu de ces influences générales une physionomie commune. Que de traits atténués, incertains, avortés, revivent et prennent un sens par la comparaison avec ces exemplaires fraternels!

Ces considérations déterminent le plan de cette étude, la méthode que nous comptons suivre, les limites et, en quelque sorte, l'alignement que nous entendons ne pas franchir. De l'origine la plus ancienne des formes, de leur prototype retrouvé en Égypte ou en Asie, de leur évolution et de leur filiation déterminées d'après les ressemblances extérieures, en un mot, de tous les faits, d'ailleurs si intéressants, qu'ont mis en lumière de récentes découvertes, nous dirons peu de chose. Ces détails sont en général étrangers à l'ordre d'idées où nous nous sommes placé. Ils nous obligeraient à descendre du haut observatoire d'où nous dominons le monument et tous ses alentours, et d'où nous chassons pour ainsi dire au faucon les conceptions générales et les causes profondes.

Les règles dont nous nous sommes inspiré dans ce petit livre et le schéma qui en précise et en limite le sujet peuvent être résumés en quelques propositions très simples. Nous ne considérerons que l'art grec authentique, celui dont on trouve les restes dans l'Hellade, et non pas celui des livres et des manuels; nous le considérerons à l'état adulte et à son plus haut degré de perfection, par exemple dans le Parthénon. C'est le moyen d'écarter tout ce qui n'a pas le relief de la forme définitive, tous ces traits mous, indécis, qui laissent l'esprit flottant entre plusieurs conjectures. Chercher dans les caractères intimes de cet exemplaire typique et aux alentours les influences de tout ordre qui se sont exercées sur l'architecte, déterminer le caractère et les goûts de la société, la nature de son *idéal*, les habitudes des sens et le tour d'esprit qui règlent la conception de l'édifice, l'invention et le choix des formes, voilà le problème attachant et délicat que nous aimerions à traiter. Ce problème, dont les termes les plus

ACROPOLE D'ATHÈNES (face ouest)
Restauration d'après Marcel Lambert (École des Beaux-Arts).

importants ne se révèlent que par une analyse de ce qu'il y a de plus profond dans l'esprit et le cœur d'une race, ne saurait être plus justement nommé que : la psychologie de l'architecture en Grèce.

I

LA GÉOGRAPHIE

Nous voici donc au pied du Parthénon, sur le rocher de l'Acropole; assis sur les degrés du temple modèle, étendons par la pensée nos regards jusqu'aux confins du monde grec. Nous voyons les races primitives s'agiter dans cette enceinte, se fixer, émigrer plus loin, former des groupes, des états, une nation, une société. Quelles lois vont régler cette évolution dont le dernier terme est la constitution d'un *public*? Quelle figure fera l'artiste devant ce peuple qui l'inspire et le juge? Sa condition, au sein d'une société qui n'a dépassé que depuis peu le type militaire, lui assure-t-elle le loisir, la liberté, la sécurité, la fierté? A eux tous, ces faits composent l'évolution qui a rendu possible l'apparition d'un grand art, de la même façon que les transformations géologiques successives ont rendu possible l'apparition des animaux supérieurs. Avant d'aborder la partie essentielle du problème, regardons d'abord, d'un coup d'œil rapide, s'affermir le sol et s'épurer l'atmosphère sociale où a pu s'épanouir l'exquise fleur parthénonienne.

La géographie fournit une première et suggestive impression. Si on laisse tomber ses regards sur la carte, on voit que la Grèce ressemble à une Suisse insulaire, à une Écosse. Un des caractères les plus frappants du pays, c'est qu'il est à chaque pas coupé et barré. A considérer de près le sol, les longues chaînes continues indiquées par les géographes n'existent pas; des pics rapprochés, semés au hasard, se rejoignent pour entourer et clore de toutes parts de petites vallées ou des plaines; et la clôture est si parfaite que les eaux mêmes ne trouvent pas le moyen de se frayer un passage

2.

à découvert, et qu'elles s'échappent par des fissures souterraines. Par la même raison, il y a peu de grands fleuves en Grèce, et les grands fleuves sont, on le sait, la grande route des migrations primitives. En outre il est remarquable que les cours d'eau les moins médiocres, l'Acheloüs, le Pénée, l'Alphée. n'appartiennent pas aux contrées qui ont produit une civilisation supérieure ; ils traversent l'Épire et l'Étolie, la Thessalie, l'Arcadie et l'Élide. Dans toute la Grèce digne de ce nom, de grands obstacles gênent donc la circulation par terre. Un mot de Strabon semble indiquer que de son temps les routes et les canaux de l'Hellade étaient dans l'état le plus misérable. Cet état pouvait être en partie la conséquence de la mauvaise administration proconsulaire, mais le même auteur, dans un autre passage où il signale le soin que prenaient les Romains de prolonger au loin dans la campagne, par des chaussées, leurs voies urbaines, oppose à ces préoccupations d'ingénieurs le manque d'industrie des Grecs, qui se contentaient de placer leurs villes dans un beau site, à proximité d'un bon port, et qui négligeaient non seulement les routes d'accès — la mer leur en tenait lieu, — mais même la voirie intérieure. Ainsi, jusqu'à une époque assez avancée, on peut se représenter les différentes parties de la péninsule comme n'ayant presque point, entre elles, de communication continentale.

Un autre caractère géographique compense cette disgrâce naturelle; la mer est partout en Grèce, et non seulement elle baigne les grands contours de la côte, mais elle pénètre profondément par des golfes au cœur même du pays. Tacite a dit de la Grande-Bretagne : *l'Océan s'insinue dans les défilés et entre les montagnes comme dans son propre domaine* [1]. Le mot est vrai de la Grèce. Il n'y a pas une province, excepté l'Arcadie, qui ne soit maritime et qui n'ait plusieurs anses ou même de beaux ports naturels; le Grec était donc navigateur de naissance et par nécessité géographique. Les golfes profonds, les baies échancrées semblaient se prêter à son apprentissage; des îles

---

1. Tacite, *Agricola*, c. 10.

semées dans la mer « comme des pierres dans un gué » offraient des stations échelonnées aux premiers essais d'un voyage transmarin. Au bas de son échelle de rochers, le montagnard avait sa nacelle tirée sur le sable; il se faisait matelot; et toutes ces contrées dont le séparaient par terre des montagnes, des gorges infranchissables, il y abordait aisément en quelques coups de rame. La grande voie de communication des Grecs entre eux a été la mer. La prodigieuse révolution qu'ont produite de notre temps les voies ferrées en réunissant des provinces jusque-là presque isolées, la mer Égée, l'Archipel, l'avaient accomplie d'avance pour les petits États de la presqu'île grecque. Le marchand, le pirate, ont été les créateurs de l'unité panhellénique.

La navigation est aussi ancienne que la Grèce elle-même; la piraterie est déjà une des meilleures professions au temps d'Homère. Toutefois les mâts, les agrès, les voiles, sont postérieurs à la séparation des Pélasges en Latins et en Grecs; les barques restent petites et la marine timide jusqu'au septième siècle. Vers

630, on ne peut trouver un pilote qui ait été à Cyrène; pour passer en Sicile, même au temps de la guerre du Péloponèse, on remontait par Corcyre et le golfe de Tarente; la navigation resta donc pendant très longtemps un simple et circonspect cabotage. Dans de telles conditions le mélange des idées a dû être bien plus aisé et bien plus rapide que le mélange des hommes. Ce n'était qu'avec peine que deux nationalités séparées par une barrière de montagnes parvenaient à s'unir et à se confondre. Par mer, au moins pendant toute une longue période, même difficulté aux migrations en masse. Sur ce frêle bateau qui ne prendra qu'au huitième siècle les proportions de la trirème [1], quelques matelots seulement peuvent s'embarquer; mais ils emportent avec leurs marchandises une cargaison de traditions, de légendes, de souvenirs, de renommées, qu'ils laissent sur tous les rivages. Ainsi la nature même des moyens de communication était bien autre-

---

1. D'après Thucydide, c'est vers 703 et dans les chantiers de Corinthe que fut construite la première trirème (voy. Thucydide, I, 13).

ment favorable à l'échange actif et précoce des idées qu'au mélange des races et à leur rapprochement dans l'unité d'un seul état; elle tendait à produire, bien avant toute fusion politique, et au sein d'un morcellement extrême, une puissante unité intellectuelle. On ne peut mieux représenter la nature et l'effet de ces premières relations par la mer seule qu'en les comparant à celles qu'établirait entre les provinces françaises un chemin de fer ne transportant pas de voyageurs, mais seulement des denrées, des livres et des gazettes. Pendant des siècles, le véritable lien entre les provinces de la Grèce ce sont les œuvres de son génie. Les poèmes du cycle homérique ont, mieux qu'une administration centralisée, fait des concitoyens de ces hommes dispersés. Ce caractère a subsisté même après le perfectionnement des moyens de communication. Aux temps historiques, la véritable assemblée politique n'est pas le conseil des amphictyons, ce sont les jeux olympiques, qu'on ne juge pas à propos de remettre, même pour courir à la rencontre des Perses attaquant les Thermopyles[1]. On est Grec, non parce que l'on est soumis au même gouvernement et qu'on appartient à la même nationalité, mais parce que l'on n'est pas barbare, c'est à dire *bégayant*, parce que l'on parle la noble langue de l'Iliade et de l'Odyssée.

Morcellement politique, fusion intellectuelle et morale, voilà donc les deux caractères inscrits d'avance dans la géographie de la Grèce. Jusque vers 560, c'est-à-dire jusqu'à ce que la conquête des colonies grecques d'Asie par les Lydiens et enfin par les Perses, force les Hellènes du continent à se grouper et à serrer les rangs autour d'un chef, elle offre l'aspect de vingt *nations* juxtaposées dans un espace de quelques lieues carrées, chacune ayant ses dieux, ses ancêtres, son œkiste, ses guerres, sa législation, ses légendes et son histoire, et toutes cependant formant un seul et vaste *public* autour du poète et de l'artiste. Que de sources distinctes d'originalité, venant se verser dans un même courant d'émulation et

---

1. Hérodote, VII, 266.

d'enthousiasme ! De même qu'en mécanique on perd en force ce que l'on gagne en vitesse, nos grandes agglomérations ont perdu, en verve créatrice et en variété de conception, ce qu'elles ont gagné en largeur de vues et en hauteur de ton. La Grèce seule, à la faveur de sa constitution géographique, a su tout concilier. Son génie a la féconde chaleur qui sort de foyers multiples, il a la majesté d'une seule grande flamme battant de l'aile à découvert. Beaucoup de petites scènes, où chaque groupe joue avec ferveur le drame de ses passions et de ses intérêts propres, s'espacent dans l'enceinte d'un vaste théâtre, sous les yeux d'un immense auditoire. Chaque coin de terre, grand comme le comtat Venaissin, avait l'orgueil national d'un pays grand comme la France; il avait ses annales, ses héros; en travaillant sur ces types, le poète, le statuaire, gardaient tout le feu d'un patriotisme conçu et couvé à l'étroit; ils conservaient la saveur natale, le goût du terroir; mais ils sentaient qu'ils seraient entendus et admirés de toute la grande patrie, et ils mettaient leurs œuvres *au point* pour la vaste multitude qui devait les lire ou les contempler. Ce qu'il faut bien comprendre, c'est que tout ayant en Grèce les proportions municipales, rien n'y était municipal par le fond et la manière de voir. Le plus petit bourg se sentait un peuple. La Grèce n'était pas une grande nationalité compacte, enserrant une foule de petites villes bornées dans leurs vues, mesquines dans leurs passions. C'était plutôt une grande famille disséminée, enveloppant et reliant une foule d'états complets et glorieux, par l'unité de la langue et la libre fraternité des génies. « Le nom de Grecs, dit admirablement Isocrate, désigne moins un peuple particulier qu'une société d'hommes éclairés et polis; et l'on appelle ainsi plutôt ceux qui participent à notre éducation que ceux qui partagent notre origine. » (Panég. d'Athènes.)

La géographie n'indique pas seulement les conditions de la circulation intellectuelle; elle révèle au regard que dirige un esprit attentif le champ et même le centre de cette circulation. Vers 1100 a lieu l'invasion dorienne en Grèce. Il semble qu'à ce moment ni les envahisseurs ni les premiers occupants n'aient eu de caractère bien déterminé. Ceux-ci font vaguement penser aux Étrusques ; ils sont comme eux secs, patients, laborieux, et se meuvent dans un cercle intellectuel très étroit. Ceux-là ont toutes les apparences d'une horde de barbares. Les peuplades qui les précèdent ou qu'ils entraînent à leur suite, les Thessaliens, les Béotiens, les Étoliens, sont les plus grossières de la race hellénique ; les derniers mangent de la chair crue et parlent une langue inarticulée. La vie urbaine est ignorée des Doriens ; ils habitent de petits bourgs ouverts et disséminés. Tels ils pénètrent dans l'Hellade, chassant devant eux les populations plus anciennes. Celles-ci quittent la péninsule, passent dans les îles, puis en Asie Mineure. Tandis que les conquérants, enfermés dans leur lutte contre les indigènes de la Grèce, développent leur génie sous les formes pures de son type naturel, les émigrés achéens subissent l'influence de leurs voisins orientaux ; leur hellénisme s'altère, et ils deviennent, pour ainsi dire, une variété du genre, mais demeurent les membres de la grande famille dont ils sont issus; c'est à ce moment, selon toute vraisemblance, et par opposition avec la population restée maîtresse du Péloponèse, qu'ils se distinguent comme Eoloioniens; par leur choc même, les deux génies prennent relief, se fixent et se sentent; définis par leur contraste, mis en présence et en regard par leur distribution géographique, ils commencent à agir efficacement l'un sur l'autre. Cette action réciproque a été l'une des causes maîtresses de la civilisation hellénique. S'il y a un fait curieux dans l'histoire de la Grèce, c'est la stérilité intellectuelle de la côte occidentale de la péninsule, de la Triphylie, de l'Élide, de l'Acarnanie et de l'Étolie. Ce sont pour la plupart de grandes plaines, dont le sol gras et riche fait contraste avec la sécheresse montagneuse des régions orientales. Ces régions déshéritées sont pourtant celles qui sont devenues un foyer de progrès; c'est le voisinage des Ioniens qui leur a fait ces hautes destinées. L'incessant échange des idées entre deux esprits si différents, l'imitation réciproque de leurs grandes œuvres, la moyenne lentement formée entre leurs opinions extrêmes ou, au contraire, les vives réactions qui les éloignent davantage sur les points où les deux génies ne se prêtent pas à une conciliation, tout a concouru à produire, dans cette zone limitée, un prodigieux mouvement intellectuel. La mer Égée a été pendant trois siècles, après l'invasion dorienne, l'enceinte où s'est accompli l'actif travail de la civilisation grecque.

Dans cette enceinte, on peut indiquer, presque *a priori*, le lieu où l'action sera la plus énergique et la fusion la plus complète. Au nord du Péloponèse, un court promontoire se prolonge vers l'Asie et donne la main aux îles qui forment entre les deux continents une série d'étapes maritimes. C'est le promontoire de Sunium, la pointe de l'Attique. C'est là que les Achéens refoulés ont trouvé un dernier refuge; c'est le lieu d'embarquement des Pélasges, des Myniens d'Orchomène, des Abantes d'Eubée, de tous les futurs Ioniens; c'est là seulement qu'ils ont gardé pied dans la Grèce proprement dite. Reliés à leurs frères par la saillie orientale de leur triangle, les habitants de l'Attique

subissent cependant de plus près l'influence
dorienne. La race conquérante les entoure et
pour ainsi dire les cerne de toutes parts; établie
à Corinthe, à Égine, à Mégare, d'où elle dispute longtemps Salamine à leur faiblesse, elle
les accable de son prestige et les pénètre de
ses idées; inhabile à les transformer profondément, elle leur laisse cependant une empreinte
marquée. Attirés aux jeux Olympiques, les
Athéniens adoptent peu à peu les coutumes
doriennes; ils abandonnent le long vêtement
oriental; leurs enfants vont à l'école pieds nus
dans la neige, en chantant l'hymne à Pallas;
l'architecture dorique enfin s'impose à eux, et
c'est dans ce style qu'ils élèvent et réédifient leur
grand monument national, le Parthénon. Mais
ces emprunts semblent entre leurs mains des
créations nouvelles; le génie ionien, resté en
communication avec sa source asiatique, les
remodèle avec une puissance extraordinaire;
il complète, il achève, il raffine, il couronne de
grâce et d'éclat la vigoureuse conception dorienne. Athènes, par sa position, était prédestinée à devenir le confluent des deux fleuves,

et comme le siège de la réaction des deux génies l'un sur l'autre. Son glorieux privilège et sa haute fonction historique étaient inscrits d'avance sur la carte. Quand Xénophon signale la réceptivité de son dialecte, où trouvent accueil des mots venus de tous les rivages gréco-asiatiques, il la désigne implicitement comme la capitale du monde grec. Sans autre lumière qu'une vue sommaire de la configuration géographique du pays et de la distribution des races, on aurait pu dire avec certitude : là sera le grand foyer intellectuel de la Grèce, là viendront se fondre et se concilier toutes les aptitudes des différentes fractions de l'hellénisme.

II

LES RACES

Bien distincts en effet sont les deux génies qui, pareils à deux fleuves, se rencontrent et forment, en se mêlant, le courant de l'esprit grec. Chacun d'eux a contribué, par des qualités pour ainsi dire opposées, au développement des beaux-arts.

Les poëmes homériques sont comme le lit où a coulé d'abord le génie ionien, à peine sorti de sa source; c'est là qu'il faut l'aller chercher pour le bien connaître. Homère passe pour avoir représenté les Achéens du Péloponèse; mais il les a seulement chantés, et ce sont bien plutôt les hommes de son temps, ses compatriotes asiatiques, qu'il a figurés sous ce nom d'emprunt. Le premier caractère qu'on distingue dans le Grec homérique est celui qu'on retrouvera, plus ou moins atténué, dans les petites aristocraties ou démocraties de la Grèce postérieure : le sentiment de l'indépendance individuelle. Il n'y a rien de plus hardi et de plus libre qu'un héros de l'*Iliade* ; il ne combat pas à son rang comme le guerrier dorien ; il lutte isolément à pied ou du haut de son char ; rien dans les mouvements des Grecs et des Troyens ne ressemble à de la discipline. Le héros gourmande le roi des rois ; il lutte contre les dieux eux-mêmes, il ne plie que sous la main du destin. Dans un monde sans passé et sans expérience, il ne subit pas la pression d'un corps de maximes morales abstraites ; il crée lui-même, à chaque instant, la règle vivante de sa conduite. Nulle part l'homme ne s'est *posé* avec une conscience plus souveraine de son droit de se développer librement, sans autre loi que les impulsions de sa nature individuelle. — Le fait est décisif ; chez les nations qui commencent par le sacrifice de l'individu au groupe, comme les Spartiates et les Romains par exemple, l'invention ne tarde pas à s'arrêter; elles imitent largement, elles transposent avec art, avec une sorte de perfection; quelques-unes peuvent vivre longtemps et magnifiquement sur ces richesses d'emprunt; leur originalité n'en a pas moins une carrière beaucoup plus bornée que celle des peuples individualistes. Si le génie ionien s'est incessamment renouvelé, c'est que la source vive de toute invention était restée en lui fraîche et abondante : cette source, c'est le sentiment profond et enraciné par lequel l'individu s'isole, se conçoit comme un petit monde distinct, prend son point d'appui en lui-même et semble échapper plus ou moins à ce qu'il y a de fatal et d'uniforme dans l'existence collective.

Ce sentiment est plutôt net qu'énergique; on y devine l'absence du frein plutôt que la vigueur du ressort intérieur qui le brise. L'idéal des Ioniens est la vie, mais une vie calme et pour ainsi dire détendue; leur activité intermittente semble n'avoir d'autre but que de donner de la saveur au loisir; ces petits chefs pillards ont l'air de ne combattre que pour orner leur repos des belles et calmes sensations que donnent un riche mobilier, des tables opulentes, d'harmonieux récits de leurs propres exploits chantés au son de la lyre. Ils sont comme ces voyageurs qui voyagent pour se souvenir et non par amour du mouvement. Quand ils croient voir dans la vie d'un mortel l'image du bonheur des dieux, c'est qu' « assis sur un trône en face du foyer, il se verse du vin et se repose comme un immortel ». Trait significatif, qui procède évidemment de l'esprit ionien : le Grec des temps postérieurs sera enclin à ne concevoir aucune des idées dirigeantes de la vie que comme un principe d'ordre et de paix. Parle-t-il de l'amour, il dit avec Platon : « L'amour donne le calme aux hommes, la tranquillité à la mer infinie; il endort les vents ». Parle-t-il de la pensée? Il observe avec Aristote qu'elle ressemble moins à un mouvement qu'à un arrêt et à un repos. Ses deux grands systèmes de morale, l'épicurisme et le stoïcisme, ont pour souverain bien la même paix absolue, sous les noms différents d'apathie (absence d'émotion) ou d'ataraxie (absence de trouble). Dans les arts, il défend avec Platon qu'on s'adresse à la « partie pleureuse de l'âme[1] », et s'il représente la mort de Ménœcée, il aime que le héros, « baigné dans son sang, expire avec un visage plein de douceur et paraisse s'endormir[2] ». Cette aversion pour les signes d'une émotion désordonnée, ce goût pour tout ce qui exprime un parfait équilibre de la sensibilité, une paix profonde et comparable au doux sommeil, ont été assurément transformés et ennoblis par l'énergie dorienne, ils n'en sont pas moins, en partie, l'effet des tendances originelles du génie ionien. Dans les arts d'imitation, dans la philosophie, dans la poésie, ces caractères sont visibles sous la forme supérieure que leur a donnée la coopération des deux génies helléniques ; dans les arts d'invention et surtout en architecture, ils se traduisent par la répugnance plus particulièrement ionienne qu'inspirent à

1. Τὸ θρηνῶδες.
2. Philostrate.

l'artiste les brusques contrastes, et par le goût des transitions douces et coulantes. Les consonnances abondent dans la musique architecturale des Grecs. Le *legato* y est la règle : les grands écarts, les dissonances sont presque inconnues. Les harmonies savantes et douloureuses d'un Beethoven poursuivant une résolution toujours retardée cèdent la place aux courtes et simples modulations que Cimarosa fait retomber à chaque instant sur l'accord parfait.

Assis dans son palais, devant une table abondante, l'Ionien parle ou écoute parler. Le goût le plus vif qu'on puisse observer dans Homère, c'est celui de joindre posément des phrases entre elles. Le libre écoulement des idées dans une forme limpide produit par lui-même une sorte d'ivresse, supérieure à toutes les joies du mouvement et du succès. C'est affaire de race; c'est aussi affaire d'éducation. Population toute côtière, les Ioniens ont été les premiers agents de la grande circulation maritime qui a mis en communication les différentes provinces de la Grèce. C'était l'époque où chaque vallée, chaque rocher semé dans la mer restait encore un foyer poétique distinct; chaque petite ville avait sa gerbe de légendes qui gardait le goût du terroir, en l'absence d'une culture uniforme et générale. L'imagination en était pour ainsi dire à sa période féodale; partout elle se posait en souveraine; elle battait monnaie à sa propre effigie. C'est donc avec un charme presque inépuisable de variété et de nouveauté que le matelot, le pirate, le marchand, colportaient sur toutes les côtes les mystères, l'histoire, les mœurs de leur petit pays. A peine débarqués, on les interroge; ils parlent, ils pérorent; on les écoute avec curiosité; ils se piquent d'amour-propre, ajoutent un détail agréable, retranchent un trait qui ne serait pas compris. Au retour, même scène; les citoyens sédentaires veulent apprendre de la bouche des voyageurs ce que ceux-ci ont vu et observé; là encore, on fait des récits; on les orne et les agrémente. Ainsi se développent et prennent relief, les personnages de l'improvisateur, du conteur, du déclamateur ambulant, qui ne sont que trois variétés d'un même personnage et les frères de lait du poète épique. Tous les ouvrages de l'esprit et l'art lui-même se ressentent de cette influence jusque dans une période très avancée de culture littéraire. A-t-on à écrire un traité de pédagogie princière, on en fait un roman; c'est la *Cyropédie*. La philosophie, la politique, la morale, s'enseignent en dialogue, avec une jolie mise en scène où se mêlent l'ombre fraîche du platane, le chant des cigales, les eaux murmurantes de l'Ilissus. Les notes diplomatiques prennent, dans le grave Thucydide, la forme de discours prononcés. Dès l'origine, la statuaire, quand elle ne dresse pas des colosses à la manière de l'Orient, se plaît à traduire des anecdotes en groupes. C'est par exemple, cette célèbre dispute du trépied si souvent reproduite : Hercule ayant enlevé le trépied ; Apollon le lui disputant avec Diane et Latone ; Athènè secondant Hercule. C'est Thésée prenant, sous une énorme pierre, l'épée et la chaussure qu'Égée y avait cachées pour lui. Plus tard, que devient la décoration du temple dorique entre les mains des Ioniens d'Athènes ? Une suite d'épisodes religieux, guerriers, familiers. On se rappelle dans Homère les phrases innombrables : « Ménélas tue Scamandrius qui fuyait devant lui; la lance s'enfonce dans le dos entre les deux épaules et ressort par la poitrine »... « Mérion atteint Phériclus et lui plonge son javelot dans la hanche droite; la pointe s'enfonce dans la vessie et ressort au-dessus de l'os. Phériclus tombe sur ses genoux, etc... » Le sculpteur n'a fait que ciseler dans le marbre ces petits tableaux que débitait le rhapsode à la grande joie du public. En regardant les métopes du temple de Minerve, on croit lire le chant consacré aux exploits d'Agamemnon ou de Patrocle, et l'on saisit, dans une de ses conséquences les plus frappantes, le tour anecdotique de l'imagination ionienne.

Conséquence plus décisive encore : sous l'influence prolongée de cette vie et de ces habitudes, la matière même de la narration s'altère. L'Asiatique, immobile et silencieux au milieu de ses grandes plaines, approfondit chaque jour davantage le sens de ses mythes.

Chez les Ioniens, libres entremetteurs des nombreux foyers de production poétique, ce sens s'évapore; le *conte* perdrait de sa vivacité à contenir ce pesant secret; on l'en allège. Insensiblement, tout prend, sur les lèvres du narrateur, une signification plus superficielle et plus prochaine; le mythe devient fable, la légende devient roman, le symbole s'efface sous les licences que se donne le désir de plaire. Il est curieux d'entendre Hérodote parler des grandes religions naturalistes de l'Orient; il n'y comprend rien; il prend pour un bizarre trait de mœurs le culte tout symbolique de Mylitta; il n'a pas l'air de voir que ces rites voluptueux figurent la puissance reproductrice de la nature. De même, il interprète comme des signes de la lâcheté des peuples vaincus les nombreuses *cteis* que Sésostris fait élever le long de ses conquêtes. Ainsi un génie vif, curieux, anecdotique, façonne, pénètre, dénature jusqu'au fond tous les mythes créés par les premiers Grecs. Après les avoir colportés loin du paysage natal et inspirateur, il a toute liberté pour en changer la forme et le sens; et il le fait en supprimant de préférence ce qui est profond, mystérieux, ce qui donne à l'esprit une attitude méditative. Il lui faut du mouvement, de la variété, des détails piquants, d'innombrables épisodes. C'est ce besoin nouveau, introduit surtout par les Ioniens navigateurs dans le type général du génie grec, qui gouverne désormais l'évolution des mythes, et qui les transforme dans le sens d'une beauté tout extérieure et d'une grâce légère, aux dépens des idées métaphysiques qu'ils contenaient à l'origine.

Ce caractère complète la physionomie si originale de cette race richement douée. Si haut qu'on remonte dans la suite des époques, les Ioniens apparaissent comme des contemplatifs d'une espèce particulière, curieux, épicuriens et rhéteurs. Leur perception calme et lucide des choses extérieures crée en eux une imagination et une raison à sa ressemblance; celles-ci ne sont jamais troublées par les créations capricieuses du rêve intérieur; la secousse de l'action ne les interrompt qu'un instant et elles retournent ensuite au spectacle que leur offre la lente procession des images distinctes et des idées claires. La concentration, je dirai volontiers la condensation du sentiment et de la pensée, caractère distinctif du Dorisme, a toujours manqué aux Ioniens. Homère se complaît devant un long défilé de combats et de légendes, de généalogies et d'aventures; tous ses développements se présentent non comme un système dont les parties convergent de plusieurs points différents vers un centre, mais comme des séries linéaires indéfinies. Ses descriptions de la nature font penser à des bandes photographiques qu'on déroule et qui réfléchissent un segment du monde extérieur; elles n'ont pas ce point lumineux que les écrivains modernes piquent à un endroit de leur paysage et qui devient centre pour l'œil du spectateur. Dans les discours, les idées ne se groupent pas en files serrées ou en phalanges compactes; elles se suivent comme des promeneurs espacés qui ont du temps à perdre et qu'une digression bien souvent écarte du chemin pour les y ramener au prochain tournant. En résumé, il n'y a pas ici de ressort intérieur assez puissant pour résister à l'expansion d'une sensibilité jeune, pour limiter l'abondance des impressions et des images ou régler le flux d'une parole intarissable. Ce caractère, bien que négatif, est l'un de ceux qui font le mieux saisir la nature du génie ionien recherché aussi près que possible de son origine, dans le miroir limpide et fidèle de la poésie homérique.

Suivons maintenant, dans l'art monumental lui-même, l'action de toutes les causes qui viennent d'être signalées. Le goût de l'éclat domine en architecture, en l'absence des impressions concentrées qui permettent de goûter des beautés plus sobres. Quand on essaye de se figurer l'ornementation des palais de Ménélas et d'Alcinoüs, on se croirait volontiers en plein Orient; et, en effet, l'art décoratif pratiqué dans Homère semble se rattacher à cette architecture à revêtements métalliques dont les pourvoyeurs et les propagateurs ont été les Phéniciens, hardis explorateurs des mines de la Norvège, du Cornouailles, de l'Espagne, de Thasos. Nulle part le corps de la construction n'apparaît; l'or, l'argent, l'ivoire, l'ambre, l'acier bleu, recouvrent les portes, s'appliquent aux murs, s'étendent sur les frises, si bien que le palais tout entier brille, « comme les rayons du soleil et ceux de la lune ». Le style ionien, mal défendu par une sensibilité complice, a évidemment subi l'influence des races sémitiques, alors en possession de tout le commerce méditerranéen; par le ton général, l'architecture des poèmes homériques est bien plus éloignée des formes que le Parthénon a éternisées, que du temple de Jérusalem et du palais de Khorsabad. Beaucoup plus tard, l'ordre ionique des temps historiques porte encore la même empreinte [1]; au fond, malgré le voisinage assainissant du dorique, il trahit un certain défaut de consistance dans la conception mère, une moindre rigueur dans la déduction. La base avec ses bourrelets mous, le chapiteau aux cornes de béliers, la frise continue, ornée d'animaux capricieux, montrent la prépondérance des prédilections sensibles et le facile accueil fait aux inventions les plus délicates de la fantaisie. L'Ionien se montre ici, comme

1. Voyez la planche, page 248.

dans le reste, épicurien et prodigue; il est au Dorien ce qu'un architecte des débuts de la Renaissance, avec son multiple et arbitraire étalage de formes, est au sobre maître ès œuvres gothique du xiii° siècle.

Le génie dorien est, presque sur tous les points, l'inverse du génie ionien. Jetés en petit nombre au milieu de populations hostiles, les Doriens ne peuvent se conserver que par le combat quotidien, par la vigilance sans trêve, par la supériorité du courage et de la discipline. Chaque homme est perdu s'il n'est à son rang, ou si les autres quittent le leur. Le salut individuel se confond ici avec le salut de la nation. L'amour de la patrie grandit donc démesurément, comme il arrive aux passions nobles qui ont eu la chance de pouvoir se greffer sur un instinct égoïste très enraciné et toujours en action; il envahit à la fin l'âme tout entière. A Sparte, l'absorption de l'homme par la cité est complète; on ne le conçoit plus que comme une cellule dans un corps organisé, il s'efface au sein d'une grande personne morale, l'État, qui devient le siège unique des droits et l'objet des devoirs. Tout ce qui est individuel et tous les groupes voisins de l'individu disparaissent; le groupe total subsiste seul. — Les sexes disparaissent; car la jeune fille est élevée comme le jeune homme; au lieu de filer le lin, comme dans les autres pays de la Grèce, elle se mêle, nue, aux exercices virils. La pudeur, les instincts sédentaires de la femme cèdent à la nécessité politique d'avoir des mères fécondes, capables de fournir à la patrie des soldats robustes. — L'autorité paternelle disparaît; car, dès le bas âge, l'enfant est livré à un magistrat, le *pédonome*, et reçoit une éducation réglée uniformément par la loi; le père, dépossédé, n'a pas plus d'autorité sur son fils que le premier citoyen venu. — Le sentiment conjugal disparaît; car le vieillard est tenu de choisir lui-même un jeune amant à sa femme jeune, et les hommes s'empruntent entre eux leurs épouses, comme on emprunte un bel animal pour faire souche. — La propriété disparaît, car le partage égal des terres est la base du système; l'absence de monnaie portative exclut le commerce; la vie en commun exclut le luxe; les chiens, les chevaux, sont indivis, et tout chasseur peut puiser dans les armoires des maisons où il s'arrête; enfin, l'idée de la propriété est même si faible qu'on encourage le vol, apprentissage naturel de l'adresse et de la ruse. — L'élan aventureux de la valeur personnelle disparaît, car une étroite discipline militaire ne fait qu'un homme de tout un bataillon. — La physionomie individuelle disparaît, car tous les adolescents marchent dans la rue en silence, les mains sous leur robe, sans tourner la tête à droite ou à gauche, les yeux toujours fixés devant eux, et ne faisant pas plus de bruit que des statues [1]. Il n'est pas jusqu'aux œuvres d'imagination où tout ne soit pareillement collectif. Telles la danse, la musique, la poésie. Le genre lyrique que les Spartiates créent en regard du lyrisme éolien n'a d'autre caractère distinctif que d'être choral et non individuel. Lacédémone n'est pas une cité; c'est une caserne, un couvent, un haras. L'instinct de conservation rendu

---

1. Xénophon.

souverain par le danger n'y laisse subsister que la masse sociale; pour donner à cette masse plus de consistance, il la compose de molécules homogènes et adhérentes; enfin il lui imprime une puissante impulsion en érigeant en règle le mouvement perpétuel, l'action énergique et à outrance. Comme le dit si bien Bernhardy, tout prend à Sparte la forme *pratique*, et non la forme *poétique*. Le culte nu de l'effort, la manie du *drân* se dégage comme le dernier produit d'un patriotisme qui demeure seul sur les ruines de tout le reste. Sans doute cette organisation n'apparaît dans son type accompli qu'à Lacédémone. Les Spartiates représentent la race sous une forme extrême et excessive; ce sont pour ainsi dire les *puritains* du Dorisme. A côté de cette race extraordinaire où l'homme tient à la fois du moine ascète et du moine chevalier de notre moyen âge, les Doriens de la côte orientale, plus voisins des Ioniens d'Asie Mineure, ont des institutions moins étroites et un génie plus tolérant. Néanmoins, le mouvement non interrompu et l'action en commun restent un trait dominant et général. Aussi toute cette race si bien douée perd-elle assez rapidement, en tout genre, ce désir du *mieux* dont l'individu libre et contemplatif est l'organe. Les ébauches sont nombreuses et variées; mais elles restent des ébauches. A ne jeter qu'un regard sommaire, la fécondité est admirable; on voit les Doriens fournir par la Crète les premiers statuaires, fonder à Sicyone la grande école de peinture, à Sparte la grande école de musique; inventer à Argos et à Égine un système métrique et monétaire particulier, créer à Corinthe la trirème pontée et l'industrie de la poterie peinte, inaugurer l'usage des caissons, orner les frontons de terres cuites, enfin, mettre au jour, en architecture, le style puissant et fier auquel ils ont donné leur nom. Mais la plupart de ces créations d'une forte originalité, devenues bientôt stationnaires entre leurs mains, n'ont continué leur évolution que par le secours des races ioniennes. Ils commencent; c'est Athènes qui achève. C'est Athènes qui a dégagé la tragédie de l'informe dithyrambe de Corinthe et de Sicyone, c'est Athènes qui a fait sortir la comédie de la farce mégarienne ; c'est Athènes qui a imprimé l'essor vers le divin et l'héroïque à l'idéal arrêté dans le type de l'athlète vulgaire par le canon de Polyclète ou par la statuaire d'Égine. C'est Athènes enfin qui a donné dans le Parthénon sa forme définitive au style dorique, devenu, dès le cinquième siècle, hésitant, conservateur et stérile chez les Doriens de la Sicile et de la Grande Grèce.

Un spiritualisme austère pénètre d'ailleurs presque toutes les créations du génie dorien. O. Muller, en lui rattachant Pythagore et la théorie des nombres, l'oppose au génie ionien, si enclin aux systèmes matérialistes. Le même critique fait remarquer qu'il n'y a pas, avant le siècle de Solon, un seul caractère physique dans le culte du dieu des Doriens. Apollon n'est pas le soleil qui fait mûrir les moissons, mais le défenseur qui les protège. Leur Hercule est le dieu du travail et de l'effort. Ils l'adorent avec recueillement, et les autres Grecs leur reprochent la simplicité presque pauvre de leur culte. Leur imagination sobre s'oppose en effet au goût de l'éclat, si marqué chez les Ioniens. La coutume de la nudité, la proscription des métaux précieux indiquent une sévérité naturelle ou cherchée qui se retrouve également dans l'architecture. Rien de plus grave à son origine que le temple dorique, avec ses courtes colonnes sans base, son chapiteau évasé, son énorme entablement qui a jusqu'à trois septièmes de la hauteur totale, ses métopes lisses et nues, son fronton encore vide de terres cuites ou de marbres. Dans cet abus puissant de la matière, c'est par la justesse topique de tous les traits et par leur concours vers un même but que le Dorien cherche à produire une grande impression. Pas un caprice ne fait errer l'intelligence et ne dérive l'attention; tout est raisonné, calculé, approprié, combiné. On s'étonne sans doute de trouver ce riche ensemble d'idées et cet art de les grouper entre elles chez le peuple qui a glorifié la sécheresse et le style fragmentaire sous le nom de *laconisme*. Mais la sobriété de parole des Doriens est plutôt voulue que naturelle; elle vient de ce que tout se concentre chez eux et fait ressort afin de produire une détente plus forte. Quand Homère dit du roi de Sparte : « Prononçant des mots isolés, à la hâte, avare de paroles, mais énergique, il n'exerce point une langue bavarde, mais sa parole frappe avec certitude et sa noblesse fortifie son âme », il indique bien qu'il y a ici de l'abondance pressée et ramassée, plutôt que l'indigence d'un esprit stérile ou les intermittences d'un esprit incohérent. Socrate disait que la Crète et Lacédémone étaient les villes grecques qui avaient la plus ancienne philosophie et le plus de sophistes; « seulement ceux-ci cachent leur science et feignent d'être ignorants; si l'on parle avec le dernier des Lacédémoniens, il paraît d'abord peu habile dans la parole; mais soudain il jette au milieu de la conversation un mot remarquable, rapide et en se ramassant sur lui-même, comme un guerrier terrible qui lance le javelot ». On voit comment cette race silencieuse, à laquelle semble avoir manqué la continuité féconde de la pensée et l'art des beaux développements, a pu produire le style le plus conséquent, le plus riche d'idées qu'il y ait en architecture. Sa pauvreté n'est qu'apparente; son langage entrecoupé cache un raisonnement suivi dont on ne voit que les cimes. Sa brièveté n'est que la parcimonie invétérée et croissante de l'homme qui, n'ayant rien perdu de ses richesses, ne veut dépenser que pour un but digne de son effort. Le temple dorique, avec sa logique profonde, est l'œuvre de ce sophiste intérieur et masqué, deviné par Socrate dans le dernier des Lacédémoniens.

Ainsi, chaque race arrive avec son tribut; les uns apportent des sens éveillés et dispos, amis de l'éclat et de la richesse, qui voltigent à la surface des choses et butinent un peu au hasard sur les fleurs de la réalité. Les autres apportent la concentration de la passion et de la pensée : sur tous les traits brillants, délicats, ornés qui se dispersent en sortant de l'imagination ionienne, ils resserrent le lien qui en fait un faisceau. Le génie des Doriens a eu sa période de fécondité; toutefois leurs créations nombreuses, toujours arrêtées en deçà de la perfection, ont encore moins profité au génie grec que l'extraordinaire et vibrante *tension* qu'ils y ont introduite. L'effort, le *tonos*, voilà le présent d'un prix inestimable qu'ils ont fait à l'hellénisme. C'est aux Ioniens qu'est revenu l'honneur d'achever toutes les œuvres de la puissante originalité dorienne, de les corriger de leur spiritualisme austère, de les réconcilier avec les sens, de les fondre harmonieusement dans la réalité, de rendre la vie et la plasticité à des conceptions non moins sèches que puissantes et comme cristallisées en naissant. Le rôle d'Athènes est tout entier dans cette œuvre de conciliation et d'achèvement. Depuis le drame d'Eschyle jusqu'à la sculpture de Phidias, depuis les chroniques de Xénophon jusqu'aux dialogues de Platon, tout porte la double empreinte du *tonos* dorien et de l'abondante sensualité ionienne. Sans aucune recherche de l'antithèse, on peut dire que la majesté et la grâce, la rigueur et l'abandon, la sobriété et la richesse d'effet sont également sensibles dans un édifice comme le Parthénon.

Nous venons de parcourir et de délimiter le champ géographique et ethnographique de la civilisation grecque. Dans ce milieu il nous reste à suivre, à travers l'histoire, les grands faits excitateurs qui ont déterminé et accéléré le mouvement de l'art.

III

LES FAITS EXCITATEURS

Le premier est l'immense mouvement de colonisation qui commence vers 750. A cette époque, une découverte décisive imprime l'impulsion la plus énergique à l'esprit voyageur des Grecs. La *trirème* est trouvée au huitième siècle par les Corinthiens. Elle contient beaucoup plus d'hommes et résiste mieux à la mer que les simples barques des temps antérieurs. De 750 à 680, d'innombrables vaisseaux, partis de la Grèce et des côtes de l'Asie Mineure, voguent vers l'Italie et la Sicile. Naxos, Syracuse, Mégare Hybléenne, Zanclé (Messine),

Gela, Sybaris, Crotone, Rhegium, Tarente, sont fondées. Ces villes en fondent d'autres à leur tour sur les mêmes côtes. De 630 à 600, Cyrène s'élève sur la côte lybique; Marseille au sud de la Gaule. L'Égypte s'ouvre au commerce grec en 656. Les colonies éoliennes, ioniennes et doriennes de l'Asie Mineure, créées antérieurement à 776, colonisent à la même époque la Thrace et le Pont-Euxin. Milet compte à elle seule de 75 à 80 cités formées par des émigrants milésiens. Cymé, Ténédos, Lesbos, en ont 30 qui les avouent pour métropoles. De hardis groupes d'aventuriers vont, suivant le mot heureux de Cicéron, « coudre une bordure grecque à tous les territoires barbares ». Les colonies grecques ne restent pas d'ailleurs de simples comptoirs et des lieux de relâche, tels que les voulaient les Phéniciens. Elles étendent leur empire sur les contrées avoisinantes. C'est ainsi que Milet s'agrandit aux dépens des Lydiens. Le territoire de Sybaris traverse l'Italie d'une mer à l'autre. Il en est de même de celui de Crotone. En soixante-dix ans le champ d'action et de réaction de l'esprit grec, limité autrefois à la mer Égée, s'étend à tout le bassin méditerranéen. Une circulation vaste et active des idées et des hommes remplace le timide va-et-vient entre l'Asie Mineure et les côtes orientales de la Grèce. La première carte géographique, celle d'Anaximandre, dressée vers 600, représente cette enceinte agrandie.

Un prodigieux accroissement de la richesse et du loisir suit cet actif mouvement de colonisation. Selon toute apparence, le huitième siècle a été la date d'une grande révolution économique en Grèce ; non seulement les ressources se sont accrues, mais elles se sont accrues brusquement, ce qui est la condition indispensable pour que la richesse exerce une influence profonde sur les mœurs d'un peuple. La fertilité de l'Italie méridionale est extraordinaire; la Sicile, l'Afrique, ont été longtemps les greniers de Rome. Des mines à fleur de terre se prêtent partout à l'exploitation; les Grecs remplacent les Phéniciens dans ce travail fructueux. L'industrie se développe à la suite du commerce, afin de fournir un fret aux navires exportateurs. La production et la consommation n'augmentent pas simplement, elles se multiplient dans une proportion extraordinaire. Deux échelles métriques et monétaires, empruntées peut-être à l'Asie, mais hellénisées vers cette même époque, indiquent un immense mouvement d'échange qui fait entrer dans la circulation une infinité de richesses naturelles jusque-là négligées, et amène sur tous les points les moyens de jouissance et de bien-être.

On pressent l'influence de cet ordre de faits sur le développement des arts. L'homme courbé sur le travail quotidien d'où il attend sa subsistance ne peut cultiver en lui-même le sentiment de la beauté. S'il relève la tête, c'est pour respirer à l'aise, et alors l'ébauche la plus élémentaire satisfait ces sens déjà enivrés d'une liberté et d'un repos longtemps attendus. Si l'excès de loisir engendre l'afféterie, le manque de loisir, en empêchant l'homme de se recueillir dans sa sensation, exclut même ce minimum de raffinement par lequel il échappe à la grossièreté primitive et cesse d'être content de peu. La création d'une classe d'oisifs, par l'accumulation des moyens de vivre et de jouir, est donc l'antécédent le plus ordinaire et le signe précurseur d'un développement marqué des beaux-arts. En ce sens l'immense mouvement de production, d'échange et d'enrichissement qui a suivi la colonisation du huitième siècle annonçait presque certainement la naissance d'un goût vif pour la beauté. C'est ainsi que Venise, Florence et Gênes, centres de tout le commerce méditerranéen au moyen âge, la Rome pontificale, richement entretenue par les tributs du monde entier, ont, par leur opulence sans exemple, préparé le sol pour l'éclosion d'une peinture et d'une sculpture supérieures. Le jour où, au commencement du xvi° siècle, des personnes d'un rang relativement inférieur furent obligées d'agrandir pour leur usage la maison de Caraccioli, grand sénéchal et favori de Jeanne II, on aurait pu prédire que le besoin de sentir et de jouir, dégagé et mis à l'aise par l'abondance des ressources, allait prendre une intensité extrême, et qu'un grand art ne tarderait pas à naître, si le génie de la race ne s'y refusait pas.

De là résulte la curieuse distribution géographique des œuvres, telle que l'observe l'archéologue. Les colonies ont devancé la mère-patrie dans l'acquisition de la richesse et du loisir. La Grèce proprement dite est un pays pauvre : « L'indigence, dit Hérodote, est la sœur de lait de notre pays. » Quand Homère fait un pompeux étalage du luxe d'Alcinoüs et d'Ulysse, il rapporte sans doute à l'Hellade, et au siècle de la guerre de Troie, les magnificences qu'il avait sous les yeux, de son temps, sur les côtes de l'Asie Mineure. Au septième et même au sixième siècle, il n'y a aucune comparaison à faire entre une ville comme Sybaris et une ville comme Argos et Athènes. Le faste des Sybarites est resté proverbial, et l'on sait que l'un d'eux, allant se marier en Grèce, amena avec lui une suite de mille personnes, cuisiniers, oiseleurs, pêcheurs, etc. Les petits États de la mère-patrie ne pouvaient rivaliser avec de vastes empires comme celui de Crotone, dont le territoire prodigieusement fertile traversait continûment la Péninsule d'une mer à l'autre, ou comme celui de Milet qui s'étendait sur une partie de la Lydie. Les îles seules entrent dans le courant, et les noms des échelles monétaires (euboïques et æginéennes) indiquent, par les noms mêmes des pays auxquels ils sont empruntés, que le continent grec proprement dit reste à peu près étranger au premier développement du commerce. Aussi n'est-ce pas dans l'Hellade tardive et dénuée qu'il faut chercher les grands édifices du sixième siècle. Le temple de Jupiter Olympien de Pisistrate était sans doute d'une dimension beaucoup moindre que celle qu'il prit entre les mains d'Antiochus et d'Adrien. Le temple de Delphes ne put être reconstruit que grâce à des libéralités mendiées jusqu'en Égypte, et il fallut plus de trente ans pour l'achever (512). Les monuments considérables de l'époque sont presque tous en Asie Mineure ou en Italie; en Asie Mineure, où Hérodote signale comme les deux plus grands édifices de son temps l'Artemisium d'Éphèse et l'Herœum de Samos; dans la Grande-Grèce, où les temples de Syracuse, quatre des temples de Sélinonte, trois des temples de Pœstum sont du sixième siècle. Au siècle suivant, au contraire, tout a changé; plusieurs des colonies italiques déclinent de 550 à 500 par leurs dissensions ou sous l'effort des

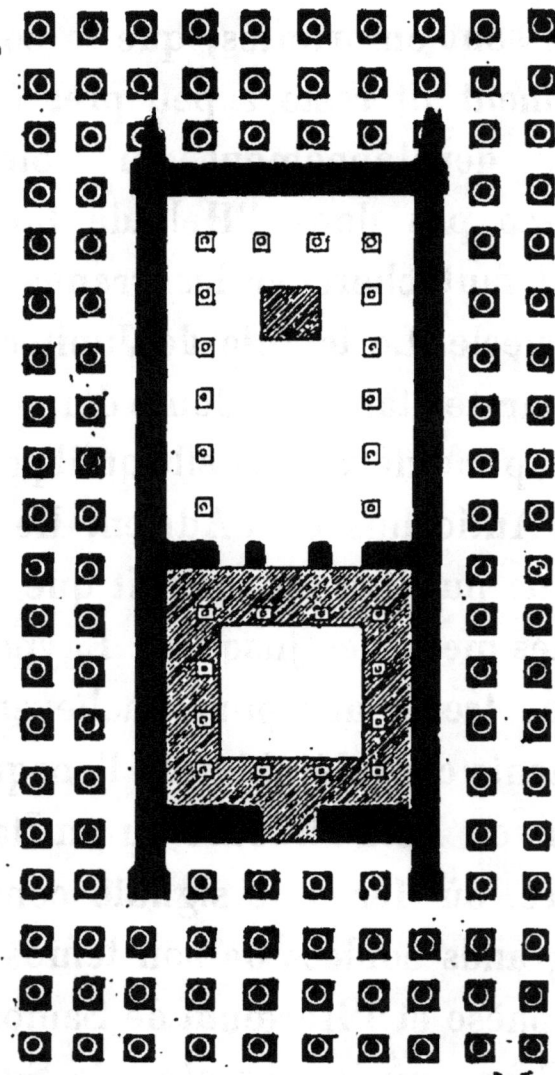

Temple de Jupiter olympien.

habitants de l'intérieur des terres; celles de la Sicile sont menacées par les Carthaginois; de

600 à 540, celles de l'Asie Mineure sont subjuguées par les Lydiens, puis par les Perses. C'est à l'Hellade proprement dite que fait alors retour le commerce méditerranéen, enlevé dans le principe à la marine phénicienne; elle puise seule à son tour à cette grande source de prospérité; la richesse, le loisir, se répandent dans la péninsule; ils stimulent le goût des beaux-arts. On voit paraître cette première génération de marchands parvenus et d'industriels enrichis qui précèdent, en tout temps et en tout lieu, la génération des grands architectes, des grands peintres, et des grands sculpteurs. C'est le cinquième siècle qui verra s'élever le Parthénon, les Propylées, l'Érechthéion, l'Odéon, le temple d'Éleusis, le temple de Phigalie. Avec le centre de gravité économique, semble s'être déplacé le centre de gravité des beaux-arts.

Une coutume très ancienne en Grèce, et destinée à s'y développer avec les siècles, agit dans le même sens que l'accroissement de la richesse : je veux parler de l'esclavage. Cette grande injustice a été, dans l'antiquité, la condition de toute haute culture. Un instinct plus large et plus élevé de l'humanité (s'il n'était pas vain de supposer qu'un tel instinct eût pu naître à cette époque) aurait certainement retardé de plusieurs siècles le moment où les facultés de l'homme ont pu être dégagées du stérile labeur de la conservation, et appliquées à des œuvres supérieures. Suivant Timée, deux tribus grecques ont échappé à la pratique de l'esclavage : ce sont les Locriens et les Phocidiens; chez eux tout le travail était confié aux hommes libres. Aussi ces peuplades ont-elles été sans influence sur la civilisation nationale, et l'on peut, sans créer une lacune, les omettre dans l'histoire du génie hellénique. Tous les États doriens ont pratiqué l'esclavage sur une large échelle; on se souvient des Ilotes de Sparte. A Athènes et à Corinthe, les hommes libres n'étaient point déshonorés comme dans la Grèce dorienne par les professions autres que celle des armes. Solon avait même enjoint par une loi, à ses concitoyens, de savoir et d'exercer un métier. Néanmoins les 400 000 esclaves de l'Attique, dont

107 000 à Athènes même sur une population de 192 000, les 300, 500, 1000 esclaves qu'un seul propriétaire d'hommes louait une obole par jour et par tête dans les mines du Laurium, révèlent les vastes proportions qu'avait prises la servitude dans la ville de Minerve, et les loisirs que ce travail gratuit devait procurer à un grand nombre de citoyens. Au fond, il ne fallait pas moins qu'un tel appoint pour rendre possible une large dérivation du courant intellectuel vers les beaux-arts. Si Athènes avait ressemblé à l'idéal égalitaire que les révolutionnaires de 89 s'étaient fait des républiques antiques, il n'y aurait pas eu de Parthénon.

Un troisième fait a définitivement condensé l'atmosphère où devait fleurir l'art : c'est la généralisation de la vie urbaine. Dès l'origine, Homère note l'énergique sociabilité de la race. Quand il veut montrer à quel point les Cyclopes sont étrangers à l'esprit hellénique, il n'a besoin que d'un mot : « *Ils n'ont pas d'assemblées!* » *N'avoir pas d'assemblées*, c'était pour les Grecs ce que serait pour nous manquer d'une police ; et le scandale que fait cette vie anachorétique mesure l'intensité du besoin de se réunir et de discourir, considéré par les Grecs comme l'attribut distinctif des peuples civilisés. L'accroissement de la richesse précipite le courant ; autour des opulents loueurs d'esclaves, des fermiers d'entreprises publiques, des marchands dont la fortune commence à faire figure, des propriétaires attirés de leur domaine rural par le désir de prendre rang dans ce nouveau personnel, se groupent les industries subalternes, qui vivent sur les plaisirs des riches. Bientôt on ne conçoit plus de vie enviable que celle qu'on passe au sein de cette population déjà compacte, où affluent toutes les ressources, où la variété et l'activité sont extrêmes. Une attraction irrésistible entraîne dans l'orbite de l'existence urbaine tout ce qui l'avoisine. On voit, avec Théognis, entrer à Mégare et devenir citoyens « ces gens qui erraient autrefois dans la campagne, couverts de peaux de bique et ignorant les sanctions et les lois ». Tandis que « les hommes au manteau de laine », « les hommes à la massue »,

« les pieds poudreux », noms divers sous lesquels on désigne les villageois, franchissent l'enceinte d'un côté, les marins l'envahissent de l'autre. L'histoire d'Athènes se résume dans la lutte et le triomphe de la « populace nautique » (mot d'Euripide et d'Aristote) sur les anciennes familles, du Pirée sur la vieille ville, transformée par une immigration continuelle. De toutes parts, du septième au sixième siècle, des agglomérations de citoyens succèdent aux clans de paysans; la vie urbaine remplace d'une manière générale la vie patriarcale.

Le symbole de cette transformation sociale est le développement de la ville, caractérisée par son enceinte, ses rues, sa place publique. A ne consulter qu'Homère, il semble qu'il y ait eu des villes dès l'origine en Grèce; ces villes contenaient des palais, des maisons, des temples, une place publique pavée devant le temple principal. Telle Ilion ou la ville des Phéaciens. Parfois un port et des quais. La ville était un marché; les cultivateurs venaient y chercher du fer, quand le maître n'en avait pas chez lui. Elle était ceinte de murs crénelés, que précédait un fossé et où s'ouvraient des portes profondes à plate-forme, réunies probablement par un chemin de ronde. Quoique le témoignage d'Homère touchant la Grèce continentale ne doive être compté que pour l'Asie Mineure de son temps, les ruines de Tirynthe et de Mycènes confirment d'une manière sommaire les assertions du poète. Toutefois, on est tenté de penser que ces villes répondaient rarement au *type urbain* complet, et qu'elles n'étaient le plus souvent que des refuges dominant les habitations disséminées dans la campagne. La petitesse des ruines de Mycènes et des cités des temps héroïques, attestée par Thucydide, confirme cette induction. Dans tous les cas, si de vraies villes ont existé pendant la période achéenne ou homérique, elles n'ont probablement pas augmenté de nombre et d'importance dans les premiers temps qui ont suivi l'invasion dorienne. Même à la fin du ve siècle, Thucydide observe que les Étoliens vivent encore dans des hameaux séparés. C'est aussi la coutume des Locriens. La dorienne Sparte, au temps de sa plus grande puissance, ne fut jamais que l'ensemble de cinq villages ouverts, défendus seulement par la position inaccessible du lieu; c'était d'ailleurs un camp toujours en éveil; on y dédaignait de se protéger par des murailles. Mégare n'était pareillement que l'une des cinq bourgades séparées qui, plus tard, s'annexèrent l'une à l'autre sous le même nom. Ce n'est guère qu'au moment de la colonisation du vIII° siècle que reparaît d'une manière décidée le goût de la vie urbaine, et ce sont en effet les colonies qui donnent l'exemple sur une grande échelle. Sybaris a 9 kil. 1/2 de murs d'enceinte, Crotone 19, Syracuse 22. Bientôt la *ville* devient le symbole et le symptôme d'une civilisation supérieure et d'une haute culture. On dédaigne comme inférieures les peuplades qui vivent dans des bourgades (kata kômas), et cette raison est celle qui décide les Lacédémoniens vainqueurs à ne pas confier à d'autres qu'aux Éléens, leurs ennemis, l'intendance des jeux d'Olympie; de simples « villageois » leur paraissent indignes de cette fonction sacrée. Dans toutes les provinces les hameaux tendent à se réunir et à faire masse; c'est ainsi qu'en Achaïe, Patras se forme d'un agrégat de sept villages, Dymœ de huit, Ægion de sept ou huit. La grande punition que les vainqueurs infligent aux vaincus, ou les conquérants aux sujets rebelles, c'est la dislocation de leurs villes et la dispersion des citoyens dans des villages séparés. L'histoire grecque offre une suite innombrable de *désurbanisations* de ce genre; elles équivalaient à une sorte de dégradation politique. C'était quelque chose d'analogue à ce que les Anglais appellent le *disfranchisement* d'un *borough*, tant la vie urbaine semblait avoir de prix et d'importance!

C'était à juste titre; les conséquences de cette nouvelle distribution de la matière sociale sont décisives. Premièrement, au grand public disséminé que le poète seul pouvait atteindre succède le public local et immédiat auquel peuvent s'adresser les autres arts. D'autre part, cette vie resserrée produit, non plus seulement l'importation et l'exportation des idées, telles qu'elles résultaient depuis longtemps d'un vaste commerce intérieur, mais l'échange quotidien, le choc vivant et fécond des opinions, le dialogue précipité et stimulant, la critique sans cesse avivée par l'objection voisine, élargie et rehaussée par l'enthousiasme collectif environnant. Car, si le scepticisme est le fruit amer de la vie urbaine, l'enthousiasme, avec ses multiples et rapides courants, en est le fruit plein de sève et de fraîcheur. Un mètre ou cinquante mètres de distance d'une habitation à l'autre décident de la profondeur des grands frissons populaires, de la rapidité des contagions intellectuelles, du prestige et de l'effet de masse de ces puissantes démonstrations qui manifestent le sentiment commun. Pour que les grands concerts d'opinion se forment, et surtout pour que l'artiste les voie avec ses yeux, les entende avec ses oreilles, pour qu'il soit comme pénétré et entraîné par cette pression sympathique qui s'exerce sur lui de toutes parts, il faut l'agglomération urbaine avec ses contacts féconds, ses frôlements et ses chocs de toutes les heures, ses tourbillons et ses remous aboutissant par intervalles à un irrésistible mouvement de l'ensemble dans un même sens.

La vie urbaine a plus qu'une simple vertu stimulante et fécondante; elle détermine et rédige, pour ainsi dire, la plupart des grands programmes qui se posent devant l'architecte. Tant d'hommes ne se trouvent pas rassemblés sans que de leurs rapports naissent, avec des passions et des besoins nouveaux, des types moraux inconnus aux sociétés dispersées, et ces types produisent à leur tour autant de formes artistiques correspondantes. Tous ces égoïsmes contigus qui se touchent en quelque sorte du coude, ne peuvent rester juxtaposés que grâce à des compromis successifs, obtenus par la discussion, fertiles en discussions nouvelles. L'éloquence, ayant pour juge la volonté populaire, se fait une scène propre; elle dégage l'*agora* au centre de la ville, elle élève la *tribune* au centre de l'agora. Les récitations du poème épique, les libres propos des fêtes rustiques de Bacchus s'unissent et se fondent sous une forme caractérisée, le *drame*, et le drame à son tour crée le *théâtre*, comme la fonction crée spontanément son organe. L'éducation des enfants, devenue extraordinairement riche et complexe, élevée au rang d'une affaire d'État, se ménage un édifice approprié dans le *gymnase*. Les exercices du corps, les courses de chars, glorifiés par les fêtes nationales, se déploient dans le *Stade* et dans l'*Hippodrome*. A la petite idole privée, à la chapelle taillée par l'habitant des campagnes dans le creux d'un chêne, succède le *Temple*, à la fois trésor, cabinet d'archives, symbole et centre du culte national. « N'avoir point de ville, dit quelque part Pausanias, c'est n'avoir ni citadelle, ni agora, ni gymnase, ni théâtre, ni fontaine publique. » Le touriste grec dresse ainsi, d'une manière approximative, la liste des types nouveaux que devait produire une vie sociale concentrée dans l'enceinte d'une même cité.

IV

L'APOGÉE

L'énergie du sentiment national, dans chacun des États helléniques, l'abondance des richesses, la forte constitution de la cité, tels sont les trois éléments, très déterminés et largement efficaces, qu'on voit en action pendant tout le vi^e siècle. Au commencement du ve siècle, un grand événement, sans introduire d'autres caractères, porte jusqu'à leur plus haute puissance ceux qu'on vient de signaler. Le patriotisme, l'opulence, la vie urbaine, se développent pour ainsi dire jusqu'à l'extrême, et précipitent l'épanouissement des beaux-arts.

Depuis près d'un siècle déjà, la Grèce continentale semblait groupée autour de Sparte; c'est à cette ville que Crésus s'adresse comme à l'État *président* de la confédération hellénique. C'est elle qui règle les différends des Mégariens et des Athéniens, qui convoque ses alliés en convention afin de rétablir Hippias à Athènes, etc... Mais les liens étaient encore faibles; la cité dorienne exerçait le prestige de sa puissance, de ses mœurs extraordinaires, de son aptitude au commandement; mais le grand enthousiasme pour la patrie commune n'était pas né. Il ne fallait pas moins que la pression d'un grand danger pour produire, entre tous ces États en discorde, la contraction puissante et comme la brusque prise en masse du sentiment panhellénique. La grande idée que le premier choc de la Grèce et de l'Asie avait fait entrevoir à Homère, et qu'il exprime par le mot significatif *Panachéens*, l'agression de Darius et de Xerxès contre la Grèce continentale la dégage pleinement en 490[1]. Pour la

---

1. « Ce n'est que depuis les guerres Médiques, disait Aristote, que les Grecs ont cultivé la sagesse et la vertu. »

première fois, l'Hellénisme vibre tout entier comme un métal homogène. En devenant (pour un temps trop court) le grand principe de passion, le patriotisme collectif cherche instinctivement un autre organe que l'État dorien, égoïste et conservateur. A une date précise, en 476, il se fixe sur Athènes, devenue à son tour le président de la confédération et le chef de la guerre contre les Perses. Une activité prodigieuse, d'éclatants succès servent à la fois de mobile et de justification à cette préférence. Ils excitent, à un degré extraordinaire, l'âme du peuple appelé à cette haute fonction. Tout y est vie, chaleur, orgueil, ambition sublime, large générosité, infatigable espérance. C'est, en quelque sorte, la température du grand art; car les œuvres supérieures en ce genre sont faites avec l'excès de chaleur non dépensé par les nobles actions, et c'est au soleil couchant d'un jour héroïque que s'épanouissent les grandes efflorescences poétiques et monumentales. Le jour où les Athéniens condamnaient à l'amende Phrynicus, auteur d'une pièce sur la prise de Milet, pour avoir représenté sur la scène « un malheur de famille », l'âme populaire était mûre pour les plus hautes beautés de l'art. A proprement parler, les mythes antiques sur lesquels s'exerçait l'esprit du poète ou du peintre, n'étaient qu'une matière et une forme; le souffle, la vie, le bouillonnement, venaient de l'orgueil d'une gloire récente, du jeune patriotisme sans cesse stimulé par la guerre contre les Perses. Sous la figure des Lapithes et des Centaures, c'étaient les héros de Marathon, de Salamine cu de Mycale que le ciseau du statuaire refouillait dans le marbre, avec la verve incomparable et le relief poignant qu'imprime aux œuvres une réalité vivante et prochaine.

On a vu l'influence de la ville sur le développement de certaines formes de l'art. A partir de 476, la vie urbaine atteint sa plus haute expression par la constitution d'une chose jusque-là inconnue en Grèce, une *capitale*. Dès l'époque de Thémistocle une loi avait, pendant un temps, dispensé les étrangers établis à Athènes de l'impôt qu'ils payaient dans toute ville grecque, en échange du droit de résidence.

De là un rapide accroissement de population. Quand Athènes a acquis l'hégémonie de tout l'hellénisme voisin de la mer Égée, elle ne tarde pas à transporter dans ses murs, avec le trésor de Délos, la direction des affaires de la confédération; elle oblige ses alliés et ses sujets à venir faire juger leurs contestations par ses tribunaux; elle crée des fêtes magnifiques auxquelles ils viennent prendre part, comme nos provinciaux d'aujourd'hui viennent assister aux solennités périodiques de la capitale. Les confédérés aimant mieux payer leur contribution en argent qu'en hommes ou en vaisseaux, Athènes se charge, moyennant subside, d'équiper la plus grande partie de la flotte, et par là elle attire une immense population de marins; ils s'établissent au Pirée, que les *longs murs* enserrent dans une même enceinte avec la vieille ville. Des magistratures nouvelles sont fondées pour maintenir l'ordre dans cette multitude turbulente. Ce sont les conseils des astynomi et des agoranomi, et les sitophylakes, préposés les uns aux poids et mesures, les autres à la vente du blé. Les attributions du *polémarque* changent; chef militaire des dix stratégies à la bataille de Marathon, il devient le juge civil des *métœques*[1]; la police l'enlève à la guerre. Rien que dans Athènes proprement dite, près de cent mille hommes libres forment un public extraordinaire par le nombre, non moins extraordinaire par la hauteur de ses préoccupations. Ce ne sont plus, en effet, les affaires d'un petit État qui le passionnent, ce sont les affaires de la Grèce entière; et ce fécond et perpétuel souci n'est pas celui d'un seul homme, ou de quelques-uns; il est présent dans l'esprit de tous les citoyens. Chacun, en effet, est appelé à donner directement son avis et son vote dans les discussions de l'assemblée politique. Dans nos grands États modernes la centralisation ne dépossède pas seulement la province au profit de la capitale, elle dépossède la masse populaire au profit d'une minorité de délégués. A Athènes, la grandeur des intérêts généraux agissait individuellement sur chaque homme; l'assemblée primaire des charbonniers d'Acharnes, des

---

[1]. C'est-à-dire les étrangers domiciliés.

charpentiers, des foulons, des lampistes, des tanneurs, avait la foi, l'orgueil, l'énergie d'une convention souveraine chargée de pourvoir à la sûreté d'un grand empire. Les flammes du cœur remontent jusqu'à l'esprit qu'elles éclairent. Nul peuple n'a eu, au même degré, la sagacité et la finesse jointes à l'enthousiasme. Les Athéniens du ve siècle étaient le plus admirable public qui ait jamais inspiré, guidé, stimulé l'artiste.

Enfin, de même que le sentiment national et la vie urbaine, la richesse prend à Athènes des proportions inconnues jusqu'alors. D'une part, le commerce s'est accru, des industries locales se sont fondées. Athènes fournit le monde méditerranéen d'huile, de figues, de miel, de poteries élégantes; elle exporte ses marbres; elle est d'ailleurs l'entrepôt de la Grèce. « Où s'adresseraient plus utilement qu'à Athènes, dit Xénophon, ceux qui veulent acheter ou vendre promptement beaucoup d'objets? » Les mines du Laurium, avec leur argent d'un titre si pur, font de la ville de Minerve l'hôtel des monnaies de la Grèce. Elle a des mines d'or en Thrace, le cuivre et le fer de l'Eubée; elle possède Thasos. Mais sa principale source de richesse est le revenu que forment les contributions des confédérés. Ce revenu, qui était à l'origine de 460 talents (soit 2 650 000 fr.), s'élève rapidement à 600 (3 millions et demi) et même davantage. Le budget annuel total est de 1000 talents (5 750 000 fr.). De telles recettes étaient notablement supérieures aux besoins; car la vertu d'acquisition de l'argent était évidemment bien plus grande qu'aujourd'hui. Aussi, l'épargne avait-elle atteint au temps de Périclès la somme énorme de 9700 talents en monnaie, plus environ 1200 talents en métaux non monnayés. Lui-même nous apprend qu'en 431, environ 3 000 talents, c'est-à-dire l'actif de trois budgets, avaient déjà été dépensés en constructions qui n'étaient autres que l'Odéon, le Parthénon, les Propylées, une partie de l'Érechthéion et du temple d'Éleusis. On voit, par ce témoignage, dans quelle proportion les beaux-arts profitaient du superflu budgétaire. Périclès professait d'ailleurs les doctrines les plus larges relativement à l'emploi de l'argent des contribuables ; il ne s'effrayait point de ce que nous appellerions aujourd'hui les expédients du socialisme démocratique, et ne se gênait point pour en faire ouvertement la théorie ou l'apologie ; or nous savons, par une expérience récente, combien une pratique administrative, fondée sur de tels principes, est favorable au développement des travaux d'édilité dans une grande ville [1]. Il disait que les tributs des confédérés « une fois payés, n'appartenaient plus à ceux qui les avaient versés, mais à ceux qui les avaient reçus, et que ces derniers n'étaient tenus qu'à remplir les conditions qu'ils s'imposaient en les recevant ». Ainsi, la ville une fois pourvue de tous les moyens de défense et de toutes les ressources de guerre, on pouvait employer le reste à des embellissements. « Ceux que leur âge et leur force appellent à la profession des armes, ajoutait-il, reçoivent de l'État une solde qui suffit à leur entretien. J'ai

---

[1]. Ceci était écrit en 1869 après la rapide transformation de Paris par l'administration municipale des dernières années de l'Empire.

donc voulu que la classe du peuple qui ne fait pas le service militaire et qui vit de son travail eût, elle aussi, sa part à cette distribution des deniers publics ; mais afin que cette part ne devînt pas le prix de la paresse et de l'oisiveté, j'ai employé ces citoyens à la construction de grands édifices où les arts de toute espèce trouveront à s'occuper longtemps. » Le chantier du Parthénon et des Propylées était ainsi un analogue de nos ateliers nationaux, mais sur une échelle bien autrement vaste, puisque le tiers de l'épargne nationale y passait en quelques années. C'était toute la verve et toute la prodigalité de l'*Haussmanisme*, mais d'un Haussmanisme servi par des moyens énormes, rehaussé et soutenu par un patriotisme vivace, éclairé et tempéré par tous les dons d'un admirable génie naturel.

Tel est, vers 450, l'état du *public*. Favorable au progrès des beaux-arts, il ne l'est pas moins à la liberté, à la sécurité, à la fierté de l'artiste. La condition sociale du poète, du peintre et du sculpteur prend en Grèce un caractère nouveau, inconnu à l'Orient. On sait que l'enthousiasme pour les beaux-arts et l'estime pour leurs représentants sont aussi anciens que l'esprit grec. « Muse, s'écrie Homère, chante l'ingénieux Vulcain; avec Minerve, il enseigne aux hommes les nobles travaux. » Qui ne se rappelle le cri d'admiration du vieux poète pour l'immortalité des œuvres d'art, pour ces chiens d'or du palais d'Alcinoüs, exempts de mort et de vieillesse! Ulysse rabote, cloue, construit sans honte de ses propres mains; la légende fait de Dédale le rejeton d'une race royale. Dans les temps historiques, il n'y a pas d'exemple d'un esclave pratiquant la peinture ou la sculpture; la *toreutique* n'était permise qu'aux hommes libres. Ainsi l'artiste n'est pas un captif ou un artisan innommé, comme en Orient; il n'est pas non plus un instrument sacerdotal, dépendant d'une caste, enchaîné à une tradition immuable, interné obscurément dans le lieu où il a commencé à vivre. Si Rhæcus et Malas, à Chio, offrent des espèces de dynasties domestiques, à procédés fixes, qui ressemblent à des corporations fermées et sédentaires, c'est qu'ils touchent à l'Asie;

d'ailleurs, ils appartiennent encore au VIIe siècle ; bientôt apparaissent l'école ouverte, l'artiste indépendant et voyageur, le développement libre et progressif des procédés.

L'école ouverte : car Polyclète à Argos, Phidias à Athènes avaient de véritables ateliers ; on nomme leurs élèves. L'Éphésien Apelle, le Macédonien Pamphile vont ensemble étudier la peinture à Sicyone. La collaboration d'artistes de pays différents est d'ailleurs très fréquente ; Simon d'Égine et Denys d'Argos, par exemple, font ensemble un *anathema* pour Olympie. — L'artiste indépendant et voyageur : car on voit Théodore de Samos appelé à Éphèse pour construire le temple de Diane, à Lemnos pour le Labyrinthe, à Sparte pour l'édifice appelé Skias. Phidias se montre à Athènes, à Phlionte, à Olympie. — Le développement libre et progressif des procédés : l'évolution en ce genre est vaste et rapide. Le travail des métaux en repoussé existait seul au temps d'Homère. La fonte en forme est trouvée par Rhæcus (640) ; la soudure par Glaucus de Chio (616-500). Le système de la voûte à voussoir et à clef est dégagé par Démocrite, qui fixe, avec Anaxagore, la théorie de la scénographie, c'est-à-dire de la perspective théâtrale. Dans le premier enivrement que causent des arts en possession d'une telle richesse de moyens, on fait de l'artiste un des personnages les plus importants de la société et de l'État. Chio, dit une épigramme, n'est pas célèbre seulement par ses vignes, mais par les œuvres des fils d'Anthermus ; c'étaient des sculpteurs en marbre. L'oracle force Sicyone à rappeler d'exil et à combler d'honneurs Dipænus et Scyllis. A Athènes, Phidias est un ami de Périclès et reçoit chez lui les grandes dames d'Athènes. Phocion, premier citoyen de la république, était le beau-frère du statuaire Cephisodote. Des gains énormes, accumulés dans leurs mains, leur permettaient de mener le train le plus magnifique. Le peintre Parrhasius, l'architecte Hippodamus, portaient des costumes somptueux dont la description nous a été laissée, et ce dernier était assez riche pour faire don au public d'une maison qu'il avait au Pirée. Les commandes pour les édifices publics et le choix des projets ne se faisaient pas dans un bureau. Chaque architecte apportait son plan et son devis et le défendait lui-même au théâtre, devant le peuple assemblé. Au théâtre aussi se rendaient les comptes, et Philon, à Athènes, acquit une grande réputation pour l'avoir fait avec éloquence; souvent, à Éphèse par exemple, l'architecte était responsable sur ses biens; il les consignait, et si la dépense dépassait de plus d'un quart le devis, le surplus était pris sur le cautionnement déposé. Parfois aussi l'architecte était en même temps un spéculateur, et on le payait de la construction d'un théâtre en lui abandonnant une partie aliquote du droit d'entrée. La complexité des rôles, artiste, comptable, administrateur, spéculateur, homme d'affaires et homme du monde, la variété des aptitudes nécessaires, la hauteur de la situation sociale, le grand prix des récompenses, un génie affranchi des chaînes de la corporation par le libre choix de l'atelier, des préjugés d'école par le grand nombre des écoles, des superstitions traditionnelles par le prodigieux mouvement critique environnant, conservant encore, toutefois, la gravité et l'application soigneuse des vieux corps de métier; autour de l'artiste un public ardent, remuant, généreux, riche de loisirs, et massé dans une capitale; un patriotisme réveillé par le danger; une gloire récente, rajeunissant et éclairant de son aube les vieux souvenirs nationaux des temps héroïques, voilà donc les principales influences extérieures que nous montre en action l'histoire sociale. Ce sont des circonstances plutôt que des causes; elles sont aux créations monumentales du siècle de Périclès ce qu'est à une fleur rare la composition élémentaire du sol, l'abondance et le cours des eaux, la qualité de la lumière. Il nous reste à rechercher, dans la semence elle-même, les formes encore enveloppées et invisibles qui s'épanouiront avec la plante adulte. Ici commence proprement la *psychologie* de l'architecture grecque.

L'IDÉAL

I

SIÈGE ET NATURE DE L'IDÉAL

La géographie a fixé et tracé l'emplacement du théâtre; les deux grandes races ont apporté des curiosités et des goûts, des dons et des talents infiniment variés; une heureuse suite d'événements a stimulé, mélangé, façonné en un public incomparable cette multitude d'abord inerte et sans unité. Ce public est groupé; l'artiste est au travail. L'ordre des questions nous amène à chercher, dans tout l'ensemble des œuvres spirituelles, les caractères de l'idéal qui s'impose à son imagination, s'empare de son cœur et guide impérieusement sa main. Dans une étude de ce genre, on est tenté d'opposer le génie de l'hellénisme à celui de l'Orient. L'Orient est l'antithèse naturelle de la Grèce. Il est l'enfance, la Grèce est l'adolescence. Il est l'instinct aveugle; la Grèce est la raison consciente. Il est l'immobilité; la Grèce représente le progrès. Ce parallèle éclaire ainsi d'un jour vif, et fait ressortir par le contraste les grandes lignes de l'idéal hellénique.

En Orient, l'attention de l'homme appartient tout entière aux puissances et aux attributs du monde extérieur. La vie sociale, encore élémentaire, n'a point enrichi le trésor des émotions morales; la réflexion, encore neuve, n'y a point pénétré. Le monde spirituel est donc pauvre; il est ignoré. Ce n'est qu'une pousse fragile que couvre de son ombre la nature extérieure, avec ses puissances indomptées, ses phénomènes dont la loi se dérobe encore, ses premières révélations d'un ordre et d'une nécessité que cerne et presse de toutes parts un surnaturel capricieux et terrible. Les déluges, les tremblements de terre, le feu du ciel, tiennent plus de place dans l'imagination de l'Oriental que l'amour, la pitié, le patriotisme ; la loi qui gouverne les débordements périodiques du Nil l'émeut plus profondément que la loi morale qui règle les actions humaines.

La nature sensible est donc la grande source de la poésie. Bien plus, elle est poétique tout entière, et même dans les parties que le présent nous montre desséchées et sans vie. A cette époque, en effet, le vaste ensemble des sciences positives n'attire point à lui et ne fait pas tomber au niveau de la prose les lois physiques ou historiques que l'esprit découvre ; ces lois restent isolées, flottantes devant l'imagination, comme des caractères dispersés à travers lesquels on pressent, on cherche avidement le sens de la phrase suprême ; elles gardent donc un prestige propre, immédiat, et les spectacles naturels reçoivent de cette source leur plus haute valeur poétique. Ce n'est point un écho du monde moral qu'on cherche à saisir dans un paysage quelconque ; il n'y a pas d'écho avant le son qui l'éveille, et le monde moral est encore silencieux. On y adore le premier secret arraché aux dieux par l'homme tremblant. On voit combien cette façon de sentir la nature est loin de la nôtre. Ce qui nous touche dans le ciel étoilé, ce n'est pas la loi qui règle le cours des astres, ce sont les émotions tout humaines que ce spectacle réveille en nous par une harmonie secrète. L'âme neuve de l'Oriental, vierge de mélancolie, goûtait moins la beauté sympathique de ces feux semés dans les profondeurs sombres, que la majesté abstraite du système planétaire et stellaire, première image de l'ordre entrevu, première lettre épelée de l'alphabet universel. Voilà ce qu'il embrassait avec une passion profonde, ce qui venait vibrer dans ses hymnes graves, se réfléchir dans ses danses rythmées; car la poésie, l'art ne pouvaient avoir de plus haute fonction que de fixer et d'agrandir, devant ces âmes avides de toute la force de leur ignorance, le reflet de ces rayons perdus, aube sacrée de la science naissante.

Étrange conclusion de ce qui précède! L'émotion poétique, en Orient, a son siège principal au centre du domaine actuel des sciences positives. Les causes personnifiées des grands phénomènes naturels, voilà les premiers dieux de l'oriental; le feu, le soleil, les nuages gros de pluie, l'alternative du printemps et de l'été, la germination du grain confié à la terre, voilà les sujets de ses mythes préférés. D'une manière générale, ce ne sont pas les caractères et les sentiments moraux, c'est l'idée abstraite et le fait brut qui agissent sur l'esprit de l'Asiatique. Il ne s'émeut que devant les images des grands attributs naturels : la force sans limite, l'ordre sans lacunes, la durée sans terme. Il ne cherche pas autre chose même dans l'homme, que d'ailleurs il ne voit que du dehors et en troupeaux, c'est-à-dire par grandes masses, comme un simple fragment de l'univers sensible. Ce qui lui impose, ce n'est pas la grande âme du héros, c'est la puissance brutale du despote; ce n'est pas l'harmonie vivante de la cité, ce sont les grossiers et massifs essais d'organisation qu'on appelle les monarchies orientales; ce n'est pas l'histoire progressive de l'esprit humain, c'est la suite des dynasties, l'enchaînement purement chronologique des générations. Il est surprenant pour nous de le voir dépenser une ardeur extraordinaire à contempler et à peindre l'épanouissement de la force matérielle, à dresser la liste des peuples conquis, à vaincre le temps par des chiffres, à marquer sa place d'un simple trait verbal dans la sèche nomenclature des époques. Nous sommes historiens avec goût et curiosité; l'Oriental est annaliste avec passion !

Tout autre est le centre de gravité de l'idéal hellénique. Situé, à l'origine, dans la même région que l'idéal oriental, il cède à la pression des conditions physiques, si singulières et si fécondes, que nous avons déjà signalées en Grèce; il reçoit l'impulsion naturelle du génie de la race; il se déplace ainsi par degrés, suivant une courbe d'un tracé complexe, mais net et résolu.

A l'origine, les premiers types qu'on voit prendre consistance et relief dans l'imagination hellénique sont, comme en Orient, les phénomènes de la nature; Glaucus, les Grées[1], rap-

---

1. C'est-à-dire les vieilles femmes blanches et chenues.

pelleront à l'homme les vertes profondeurs de la mer, la blanche écume des flots; Mercure, avec sa baguette d'or qui ouvre et ferme les yeux des mortels, figurera le long nuage horizontal dont la minceur s'éclaire aux rayons du soleil couchant. Athènè sera l'azur clair du ciel supérieur. Dans les ondoiements du fleuve, le Grec retrouvera les formes de la femme, et il peuplera de nymphes les rivières, la mer et les fontaines. Tels sont les plus anciens mythes qu'ont dû échanger entre eux les marchands grecs, errant de rivage en rivage. Chaque paysage a son dieu, riant ou sévère. Voilà les sujets des premiers chants, les images des premiers rêves.

A une époque qu'il est impossible de déterminer, apparaît un nouveau personnage, le *héros*. C'est la plus grande révolution qui se soit faite dans l'esprit humain. L'homme avait jusqu'ici subi le prestige de la Nature; tout d'un coup, il sent sa force; il se *pose*. En regard des puissances nuisibles et déréglées du monde matériel, il dresse une puissance de même proportion, mais libre et bienfaisante. La volonté humaine, prenant possession des choses et se faisant l'agent de l'ordre au sein du chaos primitif, telle est la conception qui paraît subitement sur les sommets de la poésie ; les mythes naturalistes passent au second plan pour faire place au sentiment royal de l'homme vouant son énergie et sa liberté au culte et au service de la *loi*.

A ce degré le Héros semble être encore de la même espèce que les forces auxquelles il s'oppose ; il conserve quelque chose des allures, des dimensions et du prestige d'une puissance physique. Mais une fois développée, la figure héroïque ne reste pas ainsi sur les hauteurs du naturalisme, elle s'engage de plus en plus dans la vie des hommes ; elle paraît partout où quelque grande chose les passionne. Le jour où le choc de l'Europe et de l'Asie, symbolisé par la guerre de Troie, contracte le sentiment panhellénique et le fait vibrer du timbre le plus clair et le plus puissant dans l'épopée homérique, le héros devient *national* ; il personnifie la *race*. Le morcellement politique imposé à la Grèce par sa géographie, le force à se diviser et à se multiplier. Dans les grandes plaines de l'Orient, il y a un héros; mais il n'y en a qu'un, le despote, et ce despote est toujours vainqueur. En lui se concentrent toute l'énergie et tout l'orgueil de la nation; le reste des hommes n'est qu'un troupeau. Chaque petit État de la Grèce, au contraire, a ses ancêtres, ses bienfaiteurs, ses gloires locales opposées à celles des États voisins. Le héros n'est pas seulement hellénique, il est *citoyen*; il appartient à sa ville; il a lutté contre les héros étrangers avec des fortunes diverses. Adraste à Argos et à Sicyone est l'ennemi de Mélanippus à Thèbes. Comme le héros représente la tradition commune, il figure aussi la tradition municipale, et la lutte des patriotismes locaux se dessine ainsi en traits plus légers sur le fond du patriotisme général. Dans son entier, la légende héroïque embrasse tout ce qui se succède d'élevé et d'intense dans l'évolution de la vie grecque; elle se présente tantôt comme le roman d'un Don Quichottisme qui a pour adversaire le chaos des forces naturelles, tantôt comme le récit d'une guerre contre l'étranger et le barbare, ou d'une discorde dans le sein même de l'hellénisme, tantôt comme la chronique d'un gymnase où, sans haine et comme fraternellement, de beaux jeunes gens luttent entre eux avec un superbe sentiment d'émulation et de force.

Dans son énergique dégagement, la figure du Héros attire et absorbe tout en elle; toutes les grandes conceptions passent par cette forme ou s'en rapprochent; les Dieux eux-mêmes cèdent au courant et se modèlent à sa ressemblance. Aux divinités métaphysiques et naturalistes de la période saturnienne succède l'Olympe épique, vainqueur des Titans et des Géants. Jupiter, Apollon, Mars, ne sont plus tant des personnifications de phénomènes naturels que des guerriers *honoraires*, les frères aînés et les bienfaiteurs des hommes. Le ciel homérique ressemble à un prytanée d'ancêtres sages et glorieux, de paladins retirés qui assistent aux tournois de leurs descendants. Parfois le bruit de l'airain les arrache à leur repos; ils se mêlent de nouveau aux luttes des mortels. Comme le héros lui-même, ils deviennent *nationaux*; ils sont les dieux d'une race. Comme lui ils se font citoyens, ils sont les protecteurs d'une ville. Ils la défendent contre les divinités des autres peuples ou des autres États. « Je ne crains pas », dit un personnage d'Eschyle, « les dieux de ce pays. Je ne leur dois ni la vie, ni l'âge où je suis parvenu ». « Si Hèrè protège les Argiens », dit Euripide, « Athènè est notre déesse; plus vaillante et plus vertueuse, elle ne se laissera pas ravir la victoire ». Ainsi, au lieu de s'abstraire et de s'isoler de plus en plus, le dieu grec tend à revêtir les attributs étroits de la vie réelle; il se détermine, se particularise, et quittant les régions vagues de la métaphysique, il s'engage hardiment dans l'histoire et dans la politique.

Par cette curieuse attraction exercée sur ce qui l'environne, le Héros résume en quelque sorte l'idéal grec; le dieu est descendu à son niveau; il entre lui-même de plus en plus dans les cadres humains. Le sens et les effets de cette évolution sont évidents. D'une part, en traversant la série des types plus ou moins particuliers qui représentent la race, la patrie, la corporation, la famille, il se charge de substance; quelques traits des formes antécédentes persistent dans chaque forme nouvelle; les symboles se superposent en quelque sorte et se marient dans une physionomie chaque jour plus complexe. En outre, aux attributs symboliques s'ajoutent des attributs de fantaisie. On a vu, en effet, que le Grec est, par nécessité géographique, un conteur. Pendant des siècles, les légendes glanées çà et là se heurtent dans l'esprit du voyageur et du poète; elles se marient, s'excluent, divergent, s'effacent à demi ou se prêtent à des variantes. Comment, dans cette agitation sans loi, les traits qui ont une signification abstraite se garderaient-ils purs de tout mélange avec des traits arbitraires? Comment cette signification même ne se perdrait-elle pas plus d'une fois dans les ombres de l'oubli? En l'absence d'une poésie officielle, propageant des types classiques et fixes par les organes d'une centralisation politique, le désir de plaire garde toute sa puissance plastique; ce n'est pas une philosophie vague et ambitieuse, c'est une sélection naturelle fondée sur l'instinct anecdotique, un libre concours au droit de vivre qui décime les fables et ne laisse subsister que les plus belles, c'est-à-dire les mieux appropriées à un récit brillant et léger. Ainsi, non seulement la figure héroïque passe du symbole hautement naturaliste au symbole plus étroitement social et plus humblement humain; mais elle tend même à s'affranchir du symbole, à perdre tout sens profond pour devenir un caractère arbitraire, un personnage poétique, richement conçu et dessiné selon le seul instinct de la grâce et de la beauté vivante. Pendant une première période, plus on avance dans l'histoire de l'imagination grecque, plus les personnages prennent l'aspect complexe et le caractère volontaire de l'homme réel, plus la libre anecdote leur donne les souples allures de la vie. Quelle distance entre le président de l'Olympe homérique et le Jupiter éther, symbole de l'air supérieur; entre l'Hercule solaire et le héros chevaleresque que promène à travers le monde une imagination avide d'aventures! Au symbole exact et sévère, dépouillé et presque abstrait, succède ainsi la libre, vivante et ondoyante image d'un personnage de roman.

Étudiée de près, cette image présente un caractère singulier. Chaque étape du héros dans les cadres de la vie réelle a augmenté l'espace et les ombres qui masquent derrière lui *le monde surnaturel* : ce monde disparaît enfin; son nom même, le nom du *divin*, privé d'objet, change de sens et s'applique à des objets inférieurs. C'est avec un sérieux parfait que l'historien Hécatée compte un dieu pour son *seizième* ancêtre. Ainsi, il n'y a pas deux essences, l'une terrestre, l'autre céleste. Aucun type proprement divin ne s'impose à l'imagination des hommes, ne leur fournit un modèle idéal et ne crée en eux le désir de s'en rapprocher. L'homme naturel reste donc le modèle unique, et sa nature n'a pas plus de chance d'être torturée et déformée qu'épurée et ennoblie par un travail d'idéalisation visant trop haut; elle se pose dans sa supériorité, dans sa totalité, dans son indifférence superbe et impeccable, sans autre règle que l'harmonie de ses parties entre elles. Être jeune, beau, vigoureux, sage, conserver ces dons par la tempérance, avoir de beaux enfants, servir sa patrie, mourir dans la gloire et être chanté par les poètes, voilà le bonheur le plus élevé que les Grecs aient rêvé; leur horizon ne va pas plus loin. L'infini, les rêveries mystiques, sont l'affaire de quelques philosophes; encore oublient-ils cette poésie au sortir du gymnase ou de l'exèdre. Un des signes les plus frappants de cette entière humanisation de l'idéal, c'est que si la distinction du corps et de l'âme est connue de l'Hellène, il ignore leur opposition. Tous deux se développent fraternellement l'un par l'autre, et l'homme suit avec un intérêt égal le double épanouissement de son type. L'*animus*, âme morale, ne s'est jamais entièrement dégagé en Grèce de l'*anima*, souffle vital. Les plus idéalistes des Grecs pensent avec Platon que c'est l'âme qui, par sa propre vertu, façonne le corps à son image et se réfléchit dans la beauté sensible. Nul n'a l'idée d'opposer radicalement les domaines du physique et du moral, d'en faire deux pays ennemis et d'enrichir l'un de tout ce qu'il enlève à l'autre. Le Grec ne conçoit pas la tige sans fleur, mais il ne conçoit pas la fleur séparée de la tige ; la plante humaine se dresse devant lui tout entière. Lorsque le socialisme dorien érige en modèle l'athlète nu, étalon sans tache du haras national, image du citoyen utile à sa patrie, il ne fait que confirmer une révolution déjà accomplie par l'imagination grecque en dehors de toute considération politique. Il fournit une forme et un symbole à l'idéal qui remplit déjà tout l'horizon poétique : l'homme conçu comme un animal sain, fort et joyeux, libre créateur, après les Dieux, de l'ordre dans la nature. C'est dans cette large acception que le mot de Protagoras : « L'homme est la mesure de toute chose », détourné de son sens sophistique, devient l'épigraphe admirablement précise et frappante de l'esprit hellénique.

L'hostilité de l'âme et du corps est le grand principe des troubles intérieurs. Leur conciliation concourt à produire cet admirable apaisement que l'hellénisme a répandu sur toutes ses œuvres. De moins en moins asservis aux conceptions abstraites, attirés du ciel sur la terre par les grands intérêts humains, mais désintéressés à demi de leur rôle sérieux, au moment même où ils s'y engagent, par la légèreté de l'esprit anecdotique, les types héroïques sont comme une esquisse sans profondeur, faite pour le plaisir des yeux, et toute prête à recevoir ce glacis de calme et d'exquise sérénité dont les Grecs ont eu le goût et le secret. Nous l'avons fait pressentir à propos des Ioniens, la paix est l'un des caractères les plus essentiels de l'idéal en Grèce. Chose frappante! passé maître dans l'invention des événements et dans la conduite de l'action dramatique, le poète est resté des siècles sans connaître ni goûter le vrai *pathétique*, celui qui naît de la discorde intérieure de l'âme humaine. Pendant toute la première période de la littérature grecque, le Destin est l'auteur des grandes crises: la fragilité des choses terrestres, l'inconstance de la fortune, sont presque les seules sources d'émotion et de mélancolie qui s'épanchent dans le vase à bas-reliefs d'airain de la poésie homérique. Hector pleurant sur les destinées d'Andromaque, Priam comparant son sort à celui de Pélée, tous deux maudissant l'inflexible nécessité, voilà les seuls accents émus qu'on entende dans l'Iliade, et ce n'est qu'un faible et rare murmure mêlé aux ardentes sonorités d'une épopée en armes. Dans Eschyle même, la lutte tumultueuse entre les émotions de l'âme cède la place à la tension simple de la volonté, résistant à une défaillance de la sensibilité naturelle. C'est là l'un des sens de la fameuse querelle de l'*éthos* et du *pathos*. Le pathos représentait l'anarchie accidentée des passions, et jusqu'à Euripide, l'hellénisme tint close cette grande source d'émotion dramatique. Il ne goûtait, dans les instants de crise, que l'éthos, c'est-à-dire l'immuable sérénité d'un caractère supérieur à la destinée, tandis que, dans la vie ordinaire, il savourait avant tout le mouvement régulier d'une âme heureuse d'animer un corps sain et vigoureux. Au sein du mouvement le plus intense, le personnage poétique semble n'être engagé qu'à demi; acteur, il reste spectateur; il se regarde vivre dans l'épanouissement de son âme et de son corps. Le Grec a toujours été si maître de lui-même, que le drame intérieur n'a jamais pu se produire impétueusement au dehors, que l'homme n'a pas connu la passion dans sa nudité, et qu'il ne l'a jamais vue que parée pour le monde, et voilée de décorum. Je ne sais quoi d'académique, né, non de l'attachement servile à une tradition mais d'une *self-possession* originelle, pénètre ainsi toutes les œuvres de la poésie et de l'art helléniques.

On peut résumer maintenant les caractères du type central autour duquel s'agite l'imagination grecque adolescente. Tel qu'il s'offre aux regards, il représente un libre et souverain épanouissement de toute la nature humaine. Tous les attributs de la vie, même les plus opposés, s'y réunissent dans une indivision naïve, sans que les contradictions soient perçues ni senties. La prodigieuse puissance plastique d'un génie ardent, jeune et en plein développement, fait tenir ensemble et fond dans une invraisemblable harmonie des idées qui, dans une psychologie et une logique abstraite, sembleraient devoir se combattre ou s'exclure : par exemple, la signification naturaliste et la signification humaine des figures, le souverain bien moral et les penchants naturels, une partialité politique très marquée et un haut sentiment de justice absolue, une conscience profonde de la valeur de l'individu et une foi non moins profonde dans les droits de l'État. D'une manière générale, la douloureuse opposition du corps et de l'âme, de l'idéal et du réel, du devoir et du bonheur, ou même des devoirs entre eux, n'existe pas encore; la scission ne s'est pas faite. Au temps d'Homère, l'art de tromper et de voler reste un présent que les Dieux distribuent à leurs adorateurs les plus prodigues en moutons et en génisses; Mercure récompense par ce don la dévotion d'Autolycus. Ainsi les incompatibilités ne se révèlent pas encore. Placé d'abord à mi-chemin, sur la pente continue qui va du ciel à la terre, le Héros, en attirant à lui le divin et l'humain, a mélangé les deux domaines; même après le travail d'épuration des philosophes, il continue de se présenter au peuple et à l'artiste comme un résumé de l'existence universelle, à la fois céleste et terrestre, homme et loi, mêlant à ses attributs sociaux l'indifférence morale des puissances naturelles, à son patriotisme local un large rôle humanitaire, souriant à ce monde qu'il ne juge point encore, et où il puise seulement tout ce qui s'y trouve de chaleur, de mouvement et de vie.

II

CARACTÈRES GÉNÉRAUX DE LA FORME

Tel est l'idéal sans mystère et sans sublimité, mais libre, mobile, joyeux, infiniment varié, couronné de grâce légère et de paisible harmonie, que la Grèce oppose à celui de l'Orient. La figure héroïque et divine, graduellement humanisée, est l'objet qui excite l'attention et l'enthousiasme du public, l'idéal que le poète et l'artiste s'efforcent de traduire pour l'imagination et les sens. Considéré dans ses traits essentiels, ce fond tend déjà à déterminer les grands caractères de la *forme*. C'est pour ainsi dire l'idéal lui-même qui, par ses propres reliefs, soulève et gonfle d'abord l'enveloppe extérieure, en fixe les proportions, en dessine la silhouette générale, avant que, du dehors, d'autres influences pétrissent et façonnent de plus près cette première ébauche.

Le premier signe de ce travail intérieur est une entière interversion dans la hiérarchie des grands modes d'expression. Le grand art expressif de l'Asie, celui auquel appartient le premier rôle, est l'architecture. Par ses formes décidées, par les grandes masses qu'elle dresse, par les vastes espaces sur lesquels elle se répand, par le défi qu'elle porte au temps, l'architecture est en effet l'art le plus propre à figurer aux yeux les grandes forces physiques, l'imposante ordonnance des phénomènes naturels, le vaste déploiement de la puissance brutale, les phases de la vie collective. Aussi la peinture et la sculpture ne se dégagent-elles point; elles restent subordonnées à l'art dominant, elles s'appliquent à l'édifice comme des vignettes à un livre sacré, elles s'effacent et s'humilient dans l'immensité monumentale qui les enveloppe. Lorsque la statuaire s'isole, c'est pour prendre, comme les colosses de l'Assyrie ou les sphinx de l'Égypte, les proportions, les formes et l'arrangement architectoniques. Ainsi l'architecture traite en sujets les autres arts, elle les condamne à servir son propre idéal. Elle fait plus; elle empiète même sur la science, sur l'histoire, sur la politique. Ces sept enceintes d'Ecbatane peintes de leurs sept couleurs, ces prodigieux palais de Babylone et de Ninive, ces immenses temples égyptiens, ne sont pas seulement des édifices construits dans un but utilitaire, ce sont des images du système astronomique, des symboles de l'unité et de la puissance nationale, des musées commémoratifs, tout pleins des souvenirs de la gloire commune. Pendant des siècles l'architecture a été ainsi l'art par excellence, mieux encore, la langue dans laquelle l'Orient s'épelait à lui-même ses plus hautes impressions. C'est avec ces majuscules de pierre qu'il a écrit ses premières idées sur le monde, et immortalisé des enthousiasmes qui n'ont pas de plus haut objet que la force matérielle, la durée, un ordre extérieur et imparfait.

En Grèce, l'idée naturaliste et le fait brut

s'effacent graduellement sous l'envahissement des attributs humains. L'architecture déchoit donc ; la poésie, la sculpture, la musique, la peinture, passent au premier rang, à titre de formes immédiates et d'expressions plus étroitement appropriées de la nature humaine. Mais la statuaire, par sa représentation idéale et animée du corps humain, par son infériorité même dans l'expression des jeux de physionomie, est de tous les arts plastiques le plus propre à satisfaire une époque qui n'a point encore conçu l'irréconciliable opposition de l'âme et du corps et qui ne goûte point le pathétique tumultueux d'une âme en discorde. Aussi ce mode d'expression acquiert-il de bonne heure, devant l'imagination et la sensibilité des Grecs, une importance que nous avons peine à nous figurer d'après les habitudes de l'imagination et de la sensibilité modernes.

A la vérité, les arts ne suivent que de loin, dans l'ordre des temps, l'évolution spirituelle qui contient le germe de leur progrès. Dans Homère, les divinités sont déjà profondément humanisées ; néanmoins la statuaire n'a qu'un rôle insignifiant. L'architecture décorative résume l'art tout entier. C'est deux siècles plus tard, par un progrès continu qu'accélère le prestige de l'athlète dorien [1], que la sculpture devient le mode artistique principal. Non seulement ses œuvres se multiplient au point qu'au temps de Pausanias, après la spoliation romaine, elles encombrent encore le sol de l'Hellade; mais ce sont elles qui excitent au plus haut degré la passion du public; elles occupent désormais une grande place dans l'imagination du poète; Euripide compare le sein de Polyxène mourante au sein « d'une statue »; Platon nous montre les hommes faits et les enfants contemplant Charmide « comme une statue ». On a vu la position éminente du sculpteur dans la société grecque. Que d'autres faits on pourrait ajouter à ces indices pour montrer à quel point la statuaire est l'art dominant, l'art par excellence! Chose frappante, dans l'entrain de ses premières conquêtes, elle ne se soumet point seulement les arts voisins, elle empiète, comme l'avait fait

---

[1]. Voyez Taine, *Philosophie de l'art en Grèce*.

l'architecture en Orient, sur les autres domaines de l'esprit. Au début, l'enfance de l'écriture lui livre l'histoire et la mythologie; le coffre de Cypsélus est une véritable bible légendaire, comme les façades des cathédrales gothiques étaient une encyclopédie des notions du temps. En l'absence de l'esprit sacerdotal, c'est au statuaire que revient le soin de conserver les types religieux, ou de les faire fléchir par d'heureux commentaires. L'humanisation de l'idéal s'est faite surtout par ses mains; pendant plusieurs siècles, la sculpture a été un enseignement théologique; elle s'est chargée de faire le *droit prétorien* du dogme. Je ne puis mieux comparer l'effet d'un nouveau type créé par Endœus, Phidias ou Polyclète, qu'à celui du livre où Renan a tenté d'ériger, devant l'imagination populaire, un Jésus de mol ivoire, un Jésus *Gessnerien*. De même la Vénus de Praxitèle n'a pas signalé moins qu'une révolution de l'idéal religieux.

Tandis que la sculpture s'élève ainsi au premier rang, l'architecture perd à la fois la primauté et l'indépendance. En Asie, la construction était l'essentiel ; la forme sculptée, la figure humaine ou bestiale s'y accrochait en bas-relief, s'y insérait en cariatide, s'y dressait en colosse indicateur. Devant l'imagination hellénique, c'est la statue, c'est l'idole, c'est le corps et le visage humains qui sont l'œuvre d'art fondamentale, le centre d'attraction du monument; tout le reste devient accessoire. C'est Phidias le statuaire, et non pas l'architecte Ictinus, qui est chargé de la direction en chef des travaux du Parthénon. Le temple grec en effet n'est pas élevé pour lui-même, mais pour le service d'un ouvrage de sculpture ; il n'est, on le verra, qu'une enveloppe pour le colosse d'or et d'ivoire qui s'y abrite, qu'un piédestal pour les légendes en relief qui le surmontent et le couronnent ; proportionné à l'idole que le croyant y serre comme dans un étui, borné dans son étendue par cette fonction précise, s'il élève, s'il rehausse son front, c'est pour qu'un autre art s'y épanouisse. C'est la statuaire qui s'encadre dans le fronton, qui se découpe dans les métopes, qui court dans la frise, qui règne sur l'édifice :

et l'édifice tout entier semble destiné à la porter avec grâce, à l'accompagner magnifiquement, à faire resplendir par son harmonie discrète l'efflorescence sculpturale où repose la plus haute pensée de l'artiste, la souveraine beauté du monument.

Le même mouvement qui change la hiérarchie des deux grands arts plastiques déplace et transforme l'idée que l'artiste se fait de la beauté. En Orient, les grands objets qui sont les seuls éléments de l'idéal : la force sans frein, la durée sans lacune, la grandeur sans limite, l'ordonnance encore mystérieuse des phénomènes naturels, ne sauraient fournir une image adéquate et définie. Les conceptions de l'artiste et son œuvre porteront donc la trace d'un désir que rien n'assouvit, d'une recherche qui n'atteint jamais le but, d'un effort qui toujours recommence. Ce que l'Orient présente aux regards, ce sont des villes d'une étendue prodigieuse, Kanodge, Ninive, Babylone; des tours démesurées comme Babel; des pyramides à « l'instar des montagnes »; des temples qui se prolongent sans fin comme en

Égypte; des palais comme Kouyunjick et Khorsabad dont l'immensité humilie les prétendues grandeurs de Versailles; des statues gigantesques. En outre, toutes ces constructions, monuments ou colosses, sont couvertes de stuc, ciselées, peintes, dorées, plaquées de cèdre, d'airain ou d'albâtre sur toutes leurs faces. Quelques-unes ressembleront à une immense fleur d'émail, à un gigantesque ouvrage d'orfévrerie. L'infini dans les dimensions, l'infini dans le détail décoratif — cet infini-là serait peut-être mieux appelé de l'indéfini — voilà bien l'unique ressource et le procédé inévitable d'un art dont l'objet transcendant et insaisissable n'a point d'expression exacte et correspondante dans la langue des formes naturelles. Ce serait ne pas comprendre ce singulier état d'esprit que de parler du « mauvais goût » oriental. Rien de pareil n'existe en Orient par la raison que la catégorie du goût n'existe pas; le mot n'a point encore de sens. On ne rencontre ici ni juste ni fausse appropriation des formes à un fond défini; il y a absence même de ce fond défini, point de départ de tous nos jugements sur l'harmonie, la mesure et le style.

La Grèce commence comme l'Asie. Tant que son idéal reste naturaliste ou métaphysique, et par là garde les caractères de *l'indéterminé*, l'art lui-même procède par accumulation et multiplication. La beauté ne fait qu'un avec la grandeur, la richesse et l'éclat. Nous avons signalé l'architecture à revêtements métalliques de l'époque légendaire. Ces murs couverts d'or, de fer bleu, d'argent, d'airain, d'ivoire et d'ambre, tapissés de riches étoffes, trahissent une imagination encore tournée vers la recherche de la magnificence. C'est la période orientale de l'art grec. Les statues de femme découvertes en 1886 dans les substructions de l'Acropole nous montrent, à une époque qui précède à peine d'un siècle l'âge classique, une sculpture déjà très avancée, qui s'attarde dans les artifices sans fin de la toilette et de la parure. Au temps de Périclès, les mêmes raisons expliquent sans doute la prédominance de cette sculpture chryséléphantine[1], si

---

1. D'or et d'ivoire.

pratiquée alors et si fort en honneur qu'il reste douteux pour Pline que Phidias ait travaillé le marbre. Cette matière, qui abonde en Grèce, est connue des sculpteurs à partir de la 50° olympiade (576); mais, longtemps encore après cette date, elle n'est employée qu'exceptionnellement pour les grandes œuvres et pour les statues des dieux; on lui préfère l'or et l'ivoire. La riche fantaisie de l'ornemaniste s'ajoutait au brillant de ces deux matières, avec la vaine prétention de satisfaire une imagination que le vague même de ses objets rendait insatiable : l'idole parthénonienne, avec ses semelles sculptées hautes de quinze ou seize pouces, sa longue robe d'or aux plis cannelés, la pierre blanchâtre de ses yeux encadrée dans son visage d'ivoire, son collier et ses pendants d'oreille, son casque à trois cimiers orné de sphinx et de pégases, et sa visière chargée, s'il faut en croire Quatremère de Quincy, de huit coursiers au galop, était une véritable poupée à oripeaux métalliques. Quoique les hypothèses de Quatremère aient été plausiblement contestées par M. Beulé, sa

STATUETTE D'ATHÉNÉ PARTHENOS
découverte en 1860, sur l'emplacement de l'ancienne porte Acharnienne.

restauration ne nous en fournit pas moins un spécimen suffisamment exact du style de Phidias[1]. Nous savons par Pausanias que le grand artiste avait couronné sa Némésis à Rhamnus de victoires et de cerfs entrelacés, et qu'une des mains de la statue portait une branche de pommier, tandis que l'autre soutenait un vase où étaient sculptés des Éthiopiens. Sur la tête du Jupiter de Mégare, auquel il avait collaboré, les Parques et les Saisons formaient une sorte de diadème extraordinaire et excessif. Dans un ordre différent, la *polychromie* monumentale pourrait bien avoir une origine analogue; selon toute apparence, elle se rattache à une influence orientale. On a moins de peine à la concilier avec ce qu'on sait du génie sobre, discret, nuancé de la Grèce, quand on suppose qu'elle a été d'abord une importation exotique, une habitude d'école, un legs de la vieille institutrice à ses jeunes disciples. Il y

---

[1]. Les découvertes qui ont été faites depuis que ces lignes sont écrites semblent confirmer dans ses grands traits cette restauration. Voir l'*Histoire de la sculpture grecque*, par Maxime Collignon, Firmin-Didot, édit., tome I, ch. v, p. 538 et suiv.

a sans doute d'autres explications plausibles, il n'y a pas d'explication plus profonde de cette pratique si blessante pour le goût moderne. Psychologiquement, la polychromie représente la tradition d'un art auquel avait toujours manqué un programme positif et un cadre limité; elle se rattache au temps où l'indétermination même du sujet ne laissait à l'artiste d'autre moyen d'expression que la profusion de la matière et l'intensité des effets purement sensuels.

L'idée que l'artiste se fait de la beauté se transforme à mesure que son imagination tend à prendre pour modèle l'homme, c'est-à-dire un objet réel et connu, naturel et bien défini. Dans cet homme on a vu que l'âme et le corps ne se sont pas encore divisés, que le divin et l'humain, se sont rapprochés et se confondent, en sorte qu'on ne pense pas à les distinguer et à les mettre en opposition entre eux. Ainsi se trouve retranchée la cause principale de ces contradictions, de ces combats et de ces déchirements intérieurs qui engendrent un grand nombre d'états de conscience différents, diversifient les physionomies, altèrent les formes du corps et créent une grande variété de types excessifs ou morbides. Tous les exemplaires conçus par l'artiste se ramènent aisément à un petit nombre de types généraux, sains, complets et florissants, produit d'un développement égal et harmonieux. En conséquence, la statuaire ne cherche plus la beauté dans la masse et dans le nombre, dans la profusion et l'éclat des ornements, elle la trouve dans la perfection anatomique et organique du corps humain identifiée sans effort avec la perfection spirituelle; de plus, il y a dans cette perfection quelque chose de *naturellement abstrait* et de typique qui n'a rien de la froideur d'une abstraction voulue et qui mêle sa haute signification à une puissante impression de vie concrète et de réalité connue. L'architecture, dépossédée de sa prétention au rôle d'art principal et privée même de son indépendance, devient un art d'accompagnement, incliné par ce caractère même à une sorte d'effacement et à une sobriété jusque-là ignorée. Perdant de vue les modèles lointains qu'elle essayait vainement de reproduire ou qu'elle imposait aux autres arts placés sous son hégémonie, elle n'a plus à tenir compte que d'un petit nombre de conditions positives en rapport avec le modèle réel et vivant que l'art prépondérant s'attache à imiter. Les caractères de la beauté changent donc pour l'architecte. Ce n'est plus par l'entassement de la matière et le brillant des couleurs, c'est surtout par la perfection de la main d'œuvre, par la mesure, la convenance et l'exacte appropriation qu'il s'efforce de la produire. Désormais l'architecture ne ressemble plus à un discours où se pressent des phrases trop chargées de sens, mais à une musique dont les accords espacés soutiennent, de loin en loin, d'une ferme et riche consonnance, le récitatif ou la cantilène que débite une autre voix.

L'histoire des arts plastiques en Grèce confirme ces vues générales. Au vi^e siècle, comme on a pu le voir par le grand nombre des simulacres richement habillés, exhumés en 1886 dans l'Acropole ou à Éleusis, la nudité était encore l'exception dans la statuaire; au

V⁰ siècle elle tend à devenir la règle. Pour les contemporains de Pisistrate, la richesse du costume des statues était l'important; on ne s'occupait pas de faire sentir à travers les draperies les reliefs et les mouvements du corps; à peine voyait-on un bras se détacher et se porter en avant d'un torse assez grossièrement façonné sur lequel l'étoffe descendait en plis verticaux et rigides. Au v⁰ siècle, le point de vue a changé. Le corps nu ne peut avoir d'autre parure que la liberté et la souplesse de l'attitude et du geste, l'exactitude des proportions, la justesse des reliefs formés par les muscles et les os; c'est là, en effet, qu'on cherche la beauté, et même dans les figures vêtues, c'est par la molle obéissance des draperies aux mouvements du corps que l'on s'efforce de charmer les yeux. L'idole d'ivoire et d'or avait été un progrès sur l'idole affublée et bariolée de la période antérieure. Le v⁰ siècle nous montre florissantes, l'une à côté de l'autre, la toreutique, réservée en général pour les images des dieux, et la statuaire gymnique, qui emploie plus particulièrement le marbre. On a vu que Phidias était encore de préférence un toreuticien, c'est-à-dire un orfèvre dans le genre colossal; après lui l'évolution se poursuivra. Praxitèle taillera en pierre de Paros, suivant des dimensions plus modestes, et dans la pure monochromie de la nudité [1], sa Vénus de Cnide. Pareillement Scopas travaillera de préférence le marbre de sa patrie. L'architecture se transforme dans le même sens. Les édifices de l'Hellade du siècle de Périclès sont inférieurs en superficie et en hauteur à ceux de la période précédente situés pour la plupart dans « la Grande-Grèce » et en Asie Mineure. C'est le signe que l'artiste attend ses effets de majesté et de grandeur non plus de l'énormité des dimensions, mais de la convenance des proportions, de l'habile juxtaposition des pleins et des vides. La polychromie subsiste, mais s'atténue d'une manière

---

[1]. Quand même la *circumlitio* que le peintre Nicias appliquait si heureusement aux statues de Praxitèle ne représenterait pas simplement un polissage ou un vernissage, il faudrait la concevoir, en raison même des moyens employés, comme une *teinture* discrète, et non point comme un coloriage servi par toutes les ressources de la peinture proprement dite. (Voy. Quatremère de Quincy, *le Jupiter olympien*).

sensible d'un édifice au suivant. Les temples de l'Acropole, antérieurs à l'invasion des Perses, étaient absolument et violemment polychromes[1]; il en était de même du temple d'Égine. La polychromie du Parthénon paraît avoir été plus discrète. Au moins les traces de couleur y sont-elles moins nombreuses et plus sujettes à contestation. A l'Érechthéion, les registres, à la vérité fort incomplets, ne mentionnent de peinture que sur l'entablement. Deux termes, nouveaux au moins par l'acception, s'introduisent à cette époque dans la langue technique et résument la révolution qui vient de s'accomplir : dans la sculpture, *la symétrie et le canon*, dans l'architecture *l'eurythmie*, deviennent la condition première de toute beauté, la loi suprême de l'artiste.

Du même mouvement, chacun des deux grands arts plastiques transforme sa méthode générale et ses procédés particuliers.

En Orient, la peinture, la sculpture, l'architecture, la musique, prétendaient, comme la

---

1. Voyez les fragments des deux fractions découverts pendant la dernière décade.

poésie, au rôle d'art expressif, ou, si l'on veut réserver ce mot pour une expression plus haute et plus complète, toutes ces branches de l'art se croyaient également appelées à être significatives. L'idée presque toujours transcendante qu'elles cherchaient à revêtir d'une forme sensible n'a pas de représentation déjà existante dans le monde extérieur. L'artiste devait donc en inventer une, mais il ne l'inventait pas de toutes pièces; en vertu de la loi du moindre effort il l'empruntait à l'objet réel le plus propre par analogie, voisinage ou connexion, à rappeler, à évoquer devant l'esprit ce sens qu'il ne pouvait vraiment et pleinement exprimer. L'*invention*, méthode nécessaire de l'art oriental, avait donc pour procédé subordonné et non moins nécessaire, l'*imitation*. Mais l'imitation a ici ce caractère particulier que l'artiste, en demandant des modèles au monde extérieur, ne les prend pas pour ce qu'ils sont en eux-mêmes mais pour ce qu'ils peuvent l'aider à faire entendre. C'est pourquoi il est constamment tenté de les simplifier, de les réduire à une sorte de diagramme, de leur donner le caractère abstrait d'un vocabulaire ; on s'achemine ainsi vers l'hiéroglyphe en croyant aller à l'œuvre d'art. Le plus souvent on choisit un attribut significatif, on lui donne un relief extraordinaire, ce qui conduit à fausser ou à forcer le type réel. Si l'idée à rendre est complexe, l'artiste fondra ensemble deux êtres réels, sans souci de l'unité organique : ce n'est plus seulement une déformation ou une exagération du type : c'est l'être composite, c'est le monstre. Enfin, cette forme artificielle ainsi créée, on n'éprouve aucune satiété à la reproduire indéfiniment. L'art n'est ici qu'un langage ; il n'y a pas de raison de changer les mots par lesquels on s'est une fois fait comprendre ; la permanence hiératique des formes n'a pas d'autre cause. L'imitation *au figuré* avec une simplification arbitraire et une déformation des types naturels, voilà donc la méthode commune de tous les arts en Orient. Ainsi procède la sculpture, quand elle emprunte les figures du lion et du taureau et les stéréotype dans une attitude invariable pour représenter la lutte éternelle du feu et de l'élément humide. Ainsi procède la danse, quand au lieu de se mouler librement sur les élans de l'allégresse intérieure, elle règle son rythme et ses dessins sur le cours des planètes. Ainsi l'architecture, quand elle figure d'après le même modèle astronomique les détours du labyrinthe de Crète.

En Grèce la méthode change. Deux courants s'accusent dont l'un entraîne la sculpture, l'autre l'architecture. On a vu comment la première a été conduite à prendre pour modèle unique l'homme; on a vu aussi comment, pour le Grec de ce temps-là, la perfection des formes du corps résume ou symbolise l'idéal tout entier. La statuaire abandonne donc la reproduction au figuré et s'achemine vers la reproduction au propre. En d'autres termes elle tend de plus en plus à devenir un art franchement imitatif. L'architecture, au contraire, ne peut pas avoir la prétention de représenter le nouvel objet qui est devenu le plus haut idéal de l'art. Privée des services de la sculpture, qui se détache d'elle et s'élève vers des fins supérieures, elle la suit du plus près qu'elle peut et ennoblit par le soin, le sérieux et la conviction un rôle désormais secondaire. Elle n'aspire plus à être expressive mais impressive; sa fin la plus élevée sera d'éveiller des sensations et des émotions concordantes autour de l'idéal que la sculpture s'efforce de réaliser. On ne la verra plus copier des formes naturelles en les défigurant plus ou moins pour traduire aux yeux un grand phénomène physique ou une loi du monde matériel. Ses moyens seront un habile maniement des proportions, des reliefs et des creux, des pleins et des vides, de la lumière et de l'ombre. Désormais elle ne répète plus superstitieusement les mots traditionnels d'une langue sacrée, elle devient la libre créatrice d'un rythme et d'une harmonie. Elle sort ainsi définitivement de la catégorie des arts imitatifs, au moment même où ce caractère s'accuse davantage pour la sculpture, et elle prend son rang dans la classe des arts d'invention.

Cette dernière analyse nous a amenés sur le seuil d'une question plus intime, celle des *principes plastiques* de l'art grec, c'est-à-dire des tendances qui règlent le choix ou la génération des formes particulières. Le cercle se resserre ainsi de plus en plus. L'idéal, par sa propre vertu et par une sorte de logique intérieure, a déjà déterminé plusieurs des caractères généraux de l'œuvre d'art. Deux causes plus profondes et plus pénétrantes : la structure et l'éducation des sens, la nature et l'évolution de l'intellect, vont maintenant façonner et sculpter de plus près, sous nos yeux, toutes les parties de l'édifice.

LES PRINCIPES PLASTIQUES

1

LES SENS

La première influence qui s'exerce est celle de la nature environnante. On a vu qu'en Grèce, l'architecture appartient à la classe des arts d'invention. Elle n'a donc pas, à proprement parler, de modèle à imiter. Mais sa fantaisie la plus libre tend spontanément à reproduire les associations de lignes, les harmonies ou les contrastes de couleurs qui s'offrent à toute heure à la vue de l'homme. Chaque paysage a, en effet, des profils, un mouvement de masses, un équilibre auxquels les yeux s'habituent comme l'oreille à un rythme, à une mesure, à un contour mélodique; cette habitude tourne volontiers en prédilection, de sorte que le public et l'artiste cherchent instinctivement, dans l'œuvre d'art nouvelle, les caractères observés et goûtés ailleurs, et qu'ils souffrent s'ils ne les rencontrent pas. Au fond, c'est comme le charme de l'idiome natal, de ces locutions et de ces accents auxquels ont été associées tant de fraîches impressions, tant d'idées naissantes, et qui sont devenus, pour toute une race, les signes uniques et seuls perceptibles de mainte nuance précieuse. A la vérité, pour que l'art demande ainsi le ton à la nature environnante, il faut que celle-ci soit invitante et attachante. Lorsqu'elle est repoussante et pauvre, lorsqu'elle a des caractères extrêmes, ce qui implique l'absence de tout un ordre de beautés et de jouissances, l'art ne se propose pas tant de reproduire les formes ou le rythme de la nature que de suppléer à ce qui lui manque. Il la complète par des créations de sa fantaisie, parfois en copiant et en multipliant les types exceptionnels qu'elle présente trop rarement au gré de l'homme. Ici, l'industrie invente un monde artificiel qu'elle groupe au premier plan autour des mortels, comme pour voiler un paysage ingrat. C'est le cas des arts sémitiques, nés sur le roc, dans le limon ou dans les sables, et passionnés pour l'opulence et l'éclat. Les temples de l'Égypte s'inspirent bien moins des profils de ces deux grandes falaises, qu'ils ne s'efforcent de ressembler aux oasis perdus de loin en loin dans ces déserts dévorés de soleil : avec leurs colonnes toutes végétales, leurs feuilles imbriquées à la base, leurs bractées et leurs corolles peintes en guise de chapiteau, ce sont de véritables bouquets de palmiers, des buissons de lotus en fleurs, promettant de loin la fraîcheur et l'ombre au voyageur accablé... [1]

La Grèce n'est pas un de ces pays déshérités où une nature ingrate stimule simplement l'esprit de l'homme, et le rend créateur par nécessité, par une sorte d'horreur du vide : elle offre à l'artiste des horizons et des paysages qui peuvent l'inspirer directement, lui fournir

---

1. Voir planche page 192.

des modèles et un cadre. Deux caractères concourent à établir cette influence : la médiocrité des dimensions et la variété des paysages. Ici, en effet, tout est humble et tempéré; point d'ouragans destructeurs, de pluies de sauterelles, de bêtes féroces en troupeaux; la météorologie est indulgente, la faune n'est pas indomptable. Les arbres sont des arbustes, les rivières des ruisseaux; sur maint rivage, la mer vient mourir au bord des gazons comme l'eau d'un lac; presque nulle part elle n'a l'aspect de la grande mer; resserrée dans les golfes, dans les détroits, c'est sous la forme d'un grand fleuve qu'elle paraît le plus souvent aux yeux des hommes. Tels l'Euripe, le golfe de Corinthe. Les Grecs n'ont donc pas subi l'impression absorbante de la grandeur, ou l'impression inquiétante des accidents et des prodiges, si fréquents dans l'Inde par exemple. La nature leur apparaissait avec un charme familier et rassurant qui attirait les regards et l'esprit au dehors, au lieu de les refouler vers les visions intérieures; une variété attrayante les retenait, les faisait errer de point de vue en point de vue; car c'est le propre des pays de montagnes, que le paysage puisse changer de caractère d'un mille à l'autre. Tout concourait donc à fixer l'attention sur le dehors, et à imprimer dans l'œil charmé une série de dessins et de formes dont le souvenir devait ensuite décider des préférences de l'artiste. Devant un monde sensible fait pour ne point effrayer, pour être admiré et goûté légèrement, l'imagination n'éprouvait pas le besoin de se créer un monde à elle, différent de celui qui l'entourait; elle puisait au dehors par les sens joyeusement ouverts son idée de la beauté. La nature extérieure était comme un musée de belles images, dont les traits et la configuration précise pouvaient se perdre dans l'ombre de la mémoire, tandis que leur style général et leur rythme restaient les modérateurs du goût et guidaient la main du sculpteur, du peintre et de l'architecte.

Quels sont donc les caractères de cette sensation habituelle qui a fait l'éducation des yeux en Grèce? Le plus essentiel est qu'elle paraît extrêmement *distincte*. Rien de mêlé ou de brouillé comme dans nos climats. Le ciel n'est point un troupeau de nuées multiformes, allongées ou courtes, épaisses ou émaciées, toujours changeantes et fondantes; c'est une nappe d'un bleu intense et foncé, sans un nuage, sans une tache, ferme et unie comme l'acier. Au coucher du soleil, l'horizon offre une suite de bandes cramoisies, violettes, jaunes, vertes, superposées, et dont les couleurs se joignent par une transition insensible et régulière, semblables aux irisations d'une plaque de métal qui a passé par un grand feu. Ce n'est pas, comme dans les pays du Nord, cette palette brouillée de clartés et de reflets, où les franges d'écume orangée, le poitrail blanc ou rose des nuages, les grandes zones rouges à écailles, traversées par de petites fumées ébouriffées, se mêlent dans une confusion magnifique. Même caractère dans l'aspect de la terre. Au Nord, le paysage n'est jamais qu'une forêt élaguée, avec des percées et des clairières. C'est le fouillis végétal qui en donne le ton. Le sourcil noir du sapin, la dentelle tremblante du bouleau, se découpent sur les masses de feuillage du chêne et du hêtre, tandis que plus bas foisonnent les euphorbes gonflés de venin, les aristoloches, le lierre et ses grappes, le houx avec ses éblouissants miroirs. En Grèce, au contraire, point de forêts, si ce n'est en Étolie et en Acarnanie, c'est-à-dire dans les provinces placées en dehors du grand mouvement intellectuel [1]. Ailleurs, quelques petits bouquets d'oliviers, de figuiers, de lauriers roses, semés dans des vallées ou au bas des pentes, laissaient tout son relief à l'ossature minérale de la contrée. Ce qui donne essentiellement le ton du paysage en Grèce, c'est la roche primitive avec ses arêtes saillantes, ses contours fins et secs dessinés sur le fond clair du ciel. Ainsi nul entrecroisement, nulle surcharge; rien ne rappelle le fouillis végétal; des aspects simples, clairs, naturellement divisés, voilà ce que la nature offrait chaque jour à la vue des Grecs. Pour qui n'a

---

1. Il y avait aussi quelques endroits boisés en Arcadie, en Eubée, sur le Parnasse; mais ces régions fournissaient un bois si médiocre qu'on ne pouvait s'en servir pour la construction des vaisseaux; on en faisait venir d'autre de Macédoine.

point vu ces contrées, le fond des tableaux de Raphaël avec leurs horizons délicats, leurs montagnes d'un profil si net, leurs arbres semblables à une fine lance surmontée d'un bouquet de petites feuilles espacées qui respirent à l'aise dans l'azur du ciel, peut donner l'idée des impressions répétées qui ont fait *l'éducation* des sens encore flexibles de la race grecque.

Cette analyse crée une première présomption, c'est que l'ordre, la clarté, le goût des distinctions nettes, l'horreur de la complexité et de la surcharge seront des qualités profondes et invétérées du génie hellénique. En ce genre, il n'y a point de mesure absolue; chaque époque, chaque race a la sienne. Un profil qui nous paraît rompu et refouillé à l'excès n'a que de la grâce et de la variété aux yeux de l'Hindou. Où nous croyons sentir une élégance sobre et une noble retenue, d'autres trouveront qu'il y a indigence et nudité. La même décoration sera jugée, ici, riche et substantielle, là, exubérante et fastidieuse. Il y a donc, pour chaque époque et pour chaque race, un *étalon* particulier du goût, et l'on peut dresser en quelque sorte une échelle de tolérance où chacune a son rang marqué d'après le degré de complexité qu'elle est capable de supporter. Or la place des Grecs est au plus bas de cette échelle, leur tolérance est très faible[1]. Tout ce qui ressemble à l'entrecroisement, au fractionnement, à la superposition, au fouillis, cause évidemment aux architectes grecs un malaise très vif; ils l'évitent avec une répugnance naturelle et toute spontanée. Ils recherchent les grands partis, les divisions larges, les contours arrêtés et précis, ils aiment en un mot le clair et le simple. Ce caractère est manifeste dans toutes les parties de l'édifice : dans les

---

[1]. « L'excès de toute chose sensible, dit Aristote, détruit l'organe qui la sent ». — Et ailleurs : « La sensation est un certain rapport et une certaine puissance à l'égard de l'objet senti, et cela même nous fait voir clairement pourquoi les qualités excessives dans les choses sensibles détruisent les organes de la sensation. Si le mouvement est plus fort que l'organe, le rapport est détruit (et ce rapport était pour nous la sensation), tout de même que l'harmonie et l'accord sont détruits quand les cordes de la lyre sont trop fortement touchées. » Ces deux phrases ne font que traduire en langage abstrait les habitudes d'une sensibilité et d'une imagination façonnées, par l'influence continue de la nature environnante, à ne se plaire qu'aux impressions simples, lentes et distinctes, à redouter la complexité et la surcharge.

lignes extérieures, c'est-à-dire dans les profils qui se découpent sur le vide; dans les lignes intérieures, c'est-à-dire dans les joints et les moulures qui séparent les divers membres solides; dans les jeux de lumière; dans la composition élémentaire et la place des ornements.

A première vue, et quand on ferme à demi les paupières pour ne voir que la silhouette générale, le temple grec est un solide géométrique des plus simples. C'est un parallélipipède, une boîte allongée, dont la façade présente un triangle superposé à un carré. Dans cet édifice imité de la construction en bois, rien ne rappelle les formes végétales; tout se rapproche du modèle minéral que la nature environnante offre et recommande à l'artiste dans les fermes arêtes de ses montagnes de marbre. Essentiellement, un monument comme le Parthénon est un cristal, et un cristal de l'espèce la plus simple, c'est-à-dire d'une génération facile à déterminer.

Examinés isolément, les profils donnent la même impression de simplicité et de netteté. La ligne des rampants du fronton se découpe pure et ferme sur l'azur du ciel; elle n'est jamais agrémentée de découpures; jamais le contour latéral de la colonne n'est torse ou fuselé. La surface inférieure d'un linteau ou d'une architrave reste plane et nue; rien d'analogue à ces arcs gothiques ou arabes dont chaque voussoir est un lobe saillant orné d'un pendentif. La plupart des courbes, au moins dans les beaux exemples, sont à grand rayon et rapprochées de la ligne droite. Tel est l'échinus des colonnes du Parthénon. Si le contour se creuse, il se creuse faiblement; c'est une ondulation, non un évidement; cela est sensible dans la scotie de la base attique comparée à la scotie de la base romaine. Comparé d'une manière plus générale au profil romain, le profil grec se distingue par le moindre nombre des moulures, par le caractère subordonné des surfaces courbes, qui deviennent au contraire prédominantes au temps de l'Empire[1]. Personne n'a eu au même degré que l'artiste hellénique cette franchise de jet et cette sim-

---

1. V. Viollet-le-Duc.

plicité de tracé qui produisent la correction et la beauté du galbe. C'est ce qu'on peut voir non moins clairement dans leurs rhytons, leurs cratères. Les délicieux émaux de l'Orient, avec toute l'harmonie de leurs couleurs et la grâce capricieuse de leurs dessins, resteront toujours inférieurs, en ce sens, au moindre vase sorti de la main des Grecs.

Les traits et les moulures qui se dessinent sur le fond solide ont le même caractère. Le grand procédé de l'artiste est la répétition des lignes, non pas seulement d'une manière spéciale et limitée sur chaque partie distincte, mais d'une manière générale et continue sur toute l'étendue et dans toute la hauteur du monument. Trois raies horizontales accusent l'assiette du soubassement et font le tour complet de l'édifice. La colonnade offre sans interruption et à temps égaux (sauf une seule exception), l'image répétée d'une même idée, la tension dans le sens vertical. S'agit-il d'orner la colonne elle-même? Le Grec n'a pas la pensée d'une décoration dans le sens horizontal ou oblique; il répète pour ainsi dire la colonnade dans la colonne, par les jeux d'ombre et de lumière qu'y ménagent des cannelures verticales et parallèles. Ainsi non seulement il évite les dissonances; mais, à une harmonie de sons variés qui s'accordent, il semble préférer des voix qui vibrent à l'unisson ou à l'octave, en répétant toutes la même note. L'architrave dorique est unie. Les Ioniens rompent cette unité, mais c'est au moyen de trois droites tracées dans le sens de la plus grande dimension de l'architrave. Des rainures verticales rayent les triglyphes. L'entablement lui-même offre une suite de traits parallèles horizontaux. La droite est la plus simple et la plus déterminée de toutes les lignes, puisqu'il n'y a qu'une seule droite d'un point donné à un autre : aussi les Grecs en ont-ils fait grand usage et presque abus. Un temple grec ne se dessine pas, il *se règle*; c'est un assemblage géométrique, et la rigueur du tire-ligne n'y laisse presque rien à faire au caprice du crayon.

Il y a deux sortes de décoration monumentale; les ornements de fantaisie et les tableaux peints ou sculptés : ce sont les vignettes d'un livre et ses gravures. Deux caractères distinguent les ornements. Le premier est l'extrême simplicité de leur composition ; ils sont toujours formés par la répétition d'un élément très petit et très distinct. A très peu d'exceptions près, il n'y en a pas de positivement continu ; en général, on pourrait les exécuter comme on l'a fait souvent à Pompéi, avec un moule de quelques centimètres qu'on reporterait successivement d'un bout à l'autre de la bande à décorer ; l'œil fait spontanément cette décomposition ; il découvre en un instant la petite phrase d'un ou deux mots qui, à peine achevée, recommence, et forme à elle seule toute la litanie. Ce que les Grecs semblent avoir surtout affectionné, c'est la simple alternance ; dans les *oves et fers de lance*, un élément aigu et rigide succède indéfiniment à un élément arrondi et mou ; dans les *feuilles d'eau*, une feuille déployée succède à une feuille effilée et couverte ; dans la *palmette*, une main végétale aux doigts étalés succède à une main aux doigts recourbés en dedans ; ce sont des espèces de trilles, de cadences rapides qui font presque l'effet d'une seule note tremblée; les *postes* avec leur boucle unique qui se reproduit sans terme, n'ont vraiment qu'une seule note répétée. Pour bien comprendre la valeur relative de ce mode de décoration, il suffit de le comparer à la capricieuse géométrie de la décoration arabe, et en particulier des *entrelacs*. Les Grecs n'ont guère eu d'autre entrelacs que la tresse, qui n'est pas compliquée, et la grecque, qu'ils ont toujours tenue très simple. Chez les Arabes, non seulement l'entrelacs a son caractère propre qui est de n'être jamais interrompu et de se prolonger sans fin, comme ces câbles qu'on dévide lentement et qui serpentent en se croisant bizarrement sur le sol; mais les figures ainsi décrites sont si compliquées et si vastes qu'il est toujours difficile de trouver *l'élément* dont la répétition les compose, et que cet élément, quand on le trouve, est lui-même très étendu et très complexe. Souvent aussi, il y a symétrie inverse, de sorte que la décomposition élémentaire devient absolument impossible et qu'il faut accepter un mur tout entier comme une unité irréductible, comme un *atome* décoratif. Sans doute on a le sentiment, l'impression vague de la régularité qui est réellement au fond de ces arabesques; mais l'esprit ne la possède pas pleinement et sûrement après l'avoir saisie d'un coup d'œil; cette pleine et sûre possession des éléments et de l'ordonnance, succédant à une perception rapide, c'est là précisément le caractère de la décoration ornementale des Grecs.

Les Arabes, les Hindous, ont appliqué leurs ornements sur des panneaux entiers; ils en ont fait le texte monumental lui-même; chez les Grecs, l'ornement est toujours resté la vignette d'un texte formé par les grandes parties de l'édifice; ces grandes parties restent nues, tandis que les oves et les fers de lance, les tresses, les feuilles d'eau, se posent seulement sur l'étroite moulure qui les sépare, sur le tænia entre l'architrave et la frise, sur le gorgerin qui précède le chapiteau, sur le tore de la base entre la scotie et le fût, sur les cymaises qui ondulent au-dessous, soit du larmier, soit du listel de couronnement. Les Grecs ont conçu l'ornement comme l'accent discret imprimé à une *limite*, comme une frange légère aux confins d'une surface unie. Telles les robes et les étoffes qu'on voit sur leurs personnages, d'une parfaite unité de ton, cernées seulement par une mince bordure, ou tout au plus égayées par un semis très espacé d'étoiles extrêmement fines... Que nous voilà loin de cette gaufrure universelle que les Arabes appliquent à leur édifice, et qui est parfois d'un dessin si menu qu'on croirait voir une sorte de salpêtrage régulier, la plus délicate des cristallisations!

Le même besoin de netteté et de simplicité qui resserre les ornements sur les moulures de séparation enferme la décoration sculpturale dans des cadres infranchissables : dans le triangle du fronton, entre les triglyphes de la frise supérieure. Jamais statue ou relief n'est venu briser les grandes lignes du monument grec, rendre douteux les contours extérieurs, se dresser sur un pinacle et interrompre le profil net du couronnement. Des montants géométriques fortement moulurés empêchent ces envahissements, et indiquent nettement à l'œil où il doit chercher la grande scène ou l'épisode; ce sont des tableaux dans leurs cadres, accrochés à des intervalles égaux.

Dans ces tableaux, nulle recherche des effets d'entrecroisement et de perspective; chose frappante, les premiers peintres, les premiers sculpteurs, faisaient tous en sorte que leurs figures ne se recouvrissent pas et que même l'ombre de l'une ne tombât pas sur l'autre. Cet amour natif de la clarté, ce goût spontané pour les impressions distinctes, impliquaient une préférence pour les développements en surface, plutôt que pour les dispositions où les figures se massent et se masquent partiellement dans la profondeur. Les Grecs, même après s'être affranchis des naïfs scrupules de leurs premiers artistes, gardaient encore certaines prédilections issues de la même manière de sentir; elles restent visibles dans leurs frises et dans leurs frontons, figurés en longues bandes étroites; dans la scène sans profondeur de leurs théâtres. On a remarqué, de plus, que dans les sculptures des métopes parthénoniennes, qui représentent des épisodes guerriers et partant des mouvements violents, les attitudes contrastées du bas et du haut du corps ont été presque toujours évitées. On craignait que les ombres partielles ne fissent confusion avec les principales ; on voulait une ombre d'une seule venue, enlevant avec vivacité la figure entière sur le fond.

Cette dernière remarque touche à l'entente et à l'usage des jeux de lumière. Un peintre hollandais, vivant dans une sorte de chambre obscure naturelle, peut s'intéresser au rayon détaché qui filtre à travers la brume, se réfracte sur la vitre, lutte avec les ténèbres des angles, oppose son or aux lueurs vermeilles du foyer. Ces espiégleries de la lumière sont ignorées du Grec ; il ne la connaît que sous l'aspect d'un faisceau puissant et indivisible, tombant de tout son poids sur des surfaces nettement taillées et projetant des ombres à la fois fortes et transparentes. Quand même la simplicité des profils et des moulures, imposée par les habitudes optiques, n'aurait pas impliqué une simplicité pareille dans l'emploi des ombres et des clairs, il est probable que l'artiste aurait toujours fait de la lumière un usage large et franc. La nature elle-même lui en donnait l'exemple et lui en inculquait le goût.

On rencontre de nouveau ici, mais seulement au point de vue étroitement limité de *l'optique naturelle* et de la tolérance oculaire, la question de la polychromie. Historiquement, on a vu que cette coutume est née de la tradition asiatique. Théoriquement, on verra qu'elle se justifie par l'esprit même du programme monumental. Pratiquement, son application soulève à son tour une difficulté; elle contredit, au moins en apparence, la prédilection des Grecs pour les effets de simplicité et de netteté. Les restaurations les plus vraisemblables, celles de Paccard et de Garnier, sont révoltantes pour nos yeux de gens du Nord et d'hommes modernes. On se demande si ces appels pressés, adressés de toutes parts à l'œil du spectateur, ne devaient pas produire un désarroi extrême, une confusion inextricable, et détruire l'impression calme des moulures et des profils. Dans ce genre d'analyses, il faut se garder de juger une race et un siècle éloignés d'après les exigences ou les intolérances de la sensibilité moderne, et d'appeler contradiction ou inconséquence, dans un domaine d'ailleurs fermé à la logique, un équilibre de facultés sensitives différent du nôtre. Il est possible, il est même vraisemblable que les Grecs ont eu à la fois moins de tolérance que nous pour la complexité linéaire, et plus de tolérance que nous pour le heurt et le choc violent des couleurs. Au reste, il faut bien reconnaître qu'il y a ici brutalité, plutôt que confusion; l'impression brouillée que nous ressentons vient de l'éblouissement que produisent toutes ces couleurs voyantes sur des sens trop faibles; mais on conçoit parfaitement que des sens plus frais et plus dispos aient trouvé dans ces teintes unies, vives, franches, et différentes suivant le membre auquel elles étaient appliquées, un secours de plus pour bien distinguer les parties de la construction. Ajoutez que, dans la pureté d'un air lumineux, les couleurs loin de s'exalter pâlissent et que le contraste de l'une à l'autre s'atténue. Réalisé aujourd'hui sur l'Acropole, le Parthénon polychrome de Paccard serait sans doute infiniment moins blessant pour l'œil qu'il ne l'est sur la planche où l'architecte a juxtaposé ses teintes plates. La sérénité du ciel voilerait de sa douceur l'intensité de la coloration ; le regard ne serait pas heurté, il serait simplement soutenu et recevrait plus pleine et plus entière l'impression de netteté résultant des divisions linéaires. C'est probablement ce qui se produisait dans le Parthénon de Phidias.

Ce qui devait, bien plus que ces couleurs disposées en damier, tirer et fatiguer l'œil, c'étaient ces placages métalliques d'or, d'airain, de bronze doré, figurant les armes, les baudriers, les parures des personnages. Quoi qu'il en soit, et à quelque parti qu'on appartienne dans la controverse touchant la polychromie, on est bien forcé de reconnaître qu'il y a eu chez les Grecs, sur ce point particulier, une manière de sentir qui n'a rien de commun avec la nôtre.

Un caractère non moins frappant de l'impression sensible, telle que les Grecs l'aiment et la goûtent, c'est l'exquise mesure. Les formes humbles et discrètes de la nature que j'ai essayé de dépeindre n'attiraient pas seulement l'esprit au dehors; elles lui inculquaient le goût de cette humilité et de cette discrétion. Le paysage était une école de tempérance; il enseignait à chaque heure la beauté du calme et de l'harmonie dans un champ étroitement limité. De là cette frappante médiocrité des dimensions monumentales, plus d'une fois signalée par les critiques d'art. Entre les temples, palais ou colosses de l'Égypte ou de l'Assyrie, et les édifices ou statues gigantesques des empereurs romains, la Grèce, avec ses monuments, fait l'effet d'un cabinet de réductions et de miniatures. Lisez l'*Attique* de Pausanias après avoir parcouru en esprit la Rome Néronienne, il vous semblera être entré dans un musée en plein air, formé des modèles en petit des monuments de la vraie ville. Les très grands temples, celui de Diane à Éphèse, de Jupiter à Sélinonte et des géants à Agrigente, l'Hèræum de Samos, le temple de Cybèle à Sardes, le Mausoléum, sont hors de la Grèce proprement dite. Le seul monument religieux de l'Hellade qu'on puisse leur comparer, le Jupiter olympien à Athènes [1], quoiqu'il ait été

1. Voir planche page 63.

conçu dès l'origine sur une très vaste échelle [1], n'a peut-être pris qu'au temps d'Antiochus ou d'Adrien les dimensions qu'on observe dans ses ruines. Le Parthénon, qui paraît aujourd'hui d'une grandeur très ordinaire, est appelé par Pausanias le « grand » temple de Minerve. Généralement le siècle de Périclès s'en tient à des hauteurs et à des superficies moyennes, et je ne sais s'il y a un édifice de cette époque qui ait approché, pour la masse, d'un édifice comme la Madeleine. Ce n'est point par des effets *absolus* que l'artiste cherche à émouvoir le spectateur, mais par des effets *relatifs*. Il n'est indifférent aux *dimensions* que parce qu'il est extrêmement sensible à la beauté des *rapports*; pour la première fois, devant cette nature tempérée, l'homme n'a pas subi le prestige accablant de l'énorme et du démesuré; la dimension ne lui a pas caché la proportion; aussi le Grec a-t-il été le premier à s'apercevoir que la puissance de l'impression n'est pas absolument en raison de la grandeur mathématique. Il a vu, pour ne citer qu'un exemple, que la répartition des pleins

---

[1]. Dicéarque.

et des vides concourt bien plus efficacement à l'air de majesté d'un édifice que son élévation. Combien le Parthénon, presque deux fois moins haut que la Madeleine, n'est-il pas plus noble que cette pédante imitation du temple grec ! L'une des plus grandes découvertes de la Grèce dans les arts a été cette substitution du *comparatif* au *positif*. Le positif pur, dans la langue des formes, n'est pas autre chose que l'indéterminé ; c'est ainsi que Delacroix disait qu'il n'y a pas de couleur réelle, mais seulement une couleur *locale*, définie et caractérisée par les teintes qui l'avoisinent. En présence de ces paysages harmonieux et équilibrés, où aucun trait ne tire à lui toute l'attention, la Grèce n'a pas tardé à reconnaître que, surtout dans les limites où l'art est renfermé par la faiblesse de l'homme, la différence de *quantité* n'a pas par elle-même d'effet sensible, et que tout ce qui agit sur les sens n'est qu'un effet de *relation*. Déjà le déplacement de l'idéal, passant de la nature à l'homme, tendait à substituer au culte des masses et de la richesse exubérante le goût raisonné de l'appropriation et de l'harmonie ;

l'éducation des sens par le paysage a agi dans une direction parallèle, en démontrant, dans de petits cadres naturels, les secrets puissants de la mise en valeur, en découvrant, dans toute son étendue, l'efficacité des rapprochements et des contrastes, et en rattachant toute beauté sensible à la vertu des *rapports*.

La profonde étude que les artistes grecs ont faite des *proportions* n'a point d'autre cause. Ce qu'on trouve dans Vitruve à l'état de théorie froide et rigide, suppose toute une longue période de recherches souples et sinueuses autour des effets de grandeur, de masse, de relief. « Ce temple est trop étroit pour sa longueur; cette colonne est trop maigre pour sa hauteur; ces solides veulent entre eux de plus amples lacunes; l'agrément se fait trop attendre sur ces parties lisses »; voilà les réflexions que je crois lire à tout instant dans la pensée de l'architecte. Les Grecs ont approfondi avec ferveur et raffiné avec un tact exquis ces rapports abstraits, qui sont comme la *grammaire générale* de l'architecture. C'est au point qu'on s'est autorisé de leur exemple pour prétendre que la beauté n'était pas autre chose que la fidélité aux proportions, ce qui venait à confondre le *style* avec la correction, l'éloquence avec le génie de la langue. Winkelmann considérait déjà les jeux de la physionomie comme un principe de corruption pour le type sculptural; on s'est plu à penser que le type architectural avait échappé en Grèce aux atteintes du besoin d'*expression*, et que les prédilections des sens, réduites en formule, avaient seules déterminé ses formes et réglé ses dimensions. Assurément aucun jugement n'est plus inexact. Les architectes grecs ont su mettre la beauté expressive à son rang, qui est le premier; dans l'art monumental comme en littérature, ils n'ont pas ignoré que la grammaire n'est pas tout; que les grands effets naissent d'une expression individuelle et spéciale, créée sur place par une émotion intense; que, bien loin de dépendre de la règle inférieure qui gouverne les rapports généraux et extérieurs de la forme avec les exigences des sens, ils sont souvent dus à une violation locale et justifiée de cette règle. Mais il est vrai que les Grecs ont commencé par déterminer, avec une sagacité native qui leur a permis d'atteindre du premier coup à la perfection, les éléments et ce qu'on pourrait appeler la syntaxe de la langue architecturale, et qu'ils ont fini par porter partout les scrupules de puriste contractés dans ce premier travail. En ce sens, et par leur respect des proportions abstraites, ils s'opposent nettement aux Gothiques, auxquels ils ressemblent par tant d'autres points de leur méthode.

Ainsi formée, exercée, ménagée par la nature, la sensation avait chez l'Hellène une puissance de vibration et une subtilité extraordinaires. En effet, il semble que la nôtre soit émoussée et grossière en comparaison de la sienne. Sa sensation est subtile, c'est-à-dire que dans un geste quelconque, la main levée, par exemple, il discernera vingt impressions quand nous n'en sentirons qu'une; elle est vibrante, c'est-à-dire que, pendant que notre impression nous laissera calmes et presque indifférents, les siennes seront accompagnées d'une jouissance ou d'une souffrance distinctes. Aussi le voit-on dès l'origine attacher une grande importance à la forme, et, dans la forme, aux plus délicates nuances. Dans l'action oratoire ou dramatique, il n'a pas besoin de grands mouvements. Périclès parlait la main enveloppée dans les plis de son manteau. Jusqu'à Cléon, tous les orateurs gardèrent cette même attitude ; le célèbre démagogue fut le premier à « tenir la main dehors » (c'est le mot de l'historien), et le peuple flétrit du nom de singe le premier acteur qui s'avisa de faire des gestes imitatifs. Et pourtant, dans ce débit si paisible et si dépouillé, ils goûtaient le prestige de l'éloquence, l'émotion tragique ou comique. Nous ne pouvons pas nous empêcher d'être surpris lorsque nous lisons que le tétramètre iambique était vif et passionné, le tétramètre anapestique héroï-comique, le tétramètre trochaïque allègre et dansant. Nous ne sentons plus aujourd'hui la valeur expressive de ces différentes mesures, et nous n'avons, dans la prosodie et la rythmique modernes, que des réminiscences très affaiblies de ces distinctions, qui agissaient avec tant de force sur les sens et sur l'esprit des Grecs.

Dans l'éducation, ils n'attachaient pas moins

de prix à la forme. De même que la beauté leur paraissait une partie de la vertu, la pureté de la diction leur semblait une partie de la sagesse ; on prenait le plus grand souci d'apprendre aux jeunes Grecs à bien prononcer, à mettre de la puissance et de la variété dans le débit, à donner à chaque syllabe l'intonation, à chaque mot l'accent, à chaque phrase le rythme convenable. Souvent ils s'accompagnaient avec la lyre ; une sorte de piété envers la beauté humaine avait fait proscrire la flûte, dont l'usage aurait pu altérer les traits de la face. On ne s'attachait pas moins soigneusement à marquer la place de la voix ordinaire sur la portée, le nombre des notes sur lesquelles elle pouvait se promener, et l'ordre des intervalles. Le contraste est frappant dans la musique grecque entre la simplicité des moyens et l'extrême variété des effets. Rien de plus pauvre, ce semble, que cette lyre longtemps limitée à quatre notes, que cette harmonie qui ne comprenait guère que des accords d'octave. De ce petit nombre d'éléments les Grecs avaient tiré une diversité extraordinaire de rythmes et de nuances par la combinaison des trois modes dorien, phrygien, lydien, avec les trois genres diatonique, chromatique, enharmonique dans lesquels la série des intervalles variait de la tierce au quart de ton. Les systèmes musicaux qu'ils avaient ainsi constitués exerçaient une action si distincte et si puissante sur leurs sens délicats, que c'était une affaire de savoir lequel aurait place dans l'éducation ou même serait admis dans la cité. Aussi put-on croire à une révolution sociale, à voir l'émoi des gouvernants et l'insistance des philosophes, lorsque Timothée ajouta quatre cordes à la lyre et essaya certaines altérations du son. A Sparte, les éphores eux-mêmes s'en mêlèrent, firent couper les quatre nouvelles cordes sur l'instrument du chanteur, et partout les sages crièrent à la corruption des mœurs, comme s'il suffisait d'une nuance de plus ou de moins dans l'impression sensible pour altérer la belle attitude morale que les Grecs souhaitaient à leurs enfants. Voyez-vous de nos jours le Sénat conservateur, qui vient de dépenser tant de passion dans la question de l'enseignement libre, mettre la même chaleur à décréter la suppression du mode mineur dans les opéras[1]! Nous en ririons sans doute, et non sans sujet, aujourd'hui que les impressions de nos sens arrêtées et comme émoussées dans l'organe ne vont plus réveiller jusqu'au fond de nous des impressions morales concordantes. Pour les sens fins de la noble race, la forme sensible faisait souverainement vibrer à l'unisson le fonds moral de l'homme; la vertu, le beau maintien, les pures sonorités n'étaient point séparés. Au lieu de s'adresser directement à l'âme, l'éducation prétendait l'atteindre à travers les sens, et elle y réussissait. Elle remplaçait la discipline morale abstraite par une atmosphère d'ordre, d'harmonie, de beauté. L'enfant, vivant au milieu d'attitudes nobles, de gestes décents[2], d'in-

---

1. Écrit à la fin de 1869.
2. Cette appréciation semble contredite par les obscénités d'Aristophane, par les sarcasmes intempérants des fêtes de Déméter. Mais il semble précisément que les Grecs fissent en gros et en une fois la part de la folie, afin que le reste de leurs jours appartînt sans mélange au décorum et à la juste mesure. Ils épuisaient d'un seul coup la veine de gaieté grossière que nous laissons filtrer lentement et au hasard dans notre vie. Aristote dit expressément que l'État doit bannir, non moins que toute parole inconvenante, les statues et les tableaux indécents, *sauf dans le*

flexions de voix mesurées, sentait peu à peu les qualités que ces formes expriment pénétrer du dehors jusqu'à son cœur. Instinctivement, il mettait son for intérieur d'accord avec ces impressions si fines et si pénétrantes. Comme on règle involontairement son pas sur la musique qu'on entend auprès de soi, il réglait son allure morale d'après le rythme de cette pure et grave harmonie dont ses yeux et ses oreilles étaient continuellement bercés. Il ne faut pas moins qu'une extrême subtilité des sens, qu'une prodigieuse divisibilité de la sensation, pour justifier cette prépondérance de la forme dans l'éducation, et pour expliquer comment un geste de plus dans un orateur, une corde de plus à la lyre, une attitude nouvelle dans un simulacre divin, faisaient l'effet d'une affaire d'état ou d'un dogme nouveau, et devenaient le sujet d'une polémique passionnée.

Ce tact supérieur a laissé son empreinte dans l'art monumental des Grecs. Il y a dans leurs

---

culte des Dieux qui président, aux termes de la loi, à l'allégresse insolente. Il interdit d'ailleurs aux jeunes gens d'assister soit à des ïambes, soit à des comédies (Pol., VII. 15).

édifices des recherches et un raffinement qui n'ont rien du caractère des époques de décadence, et qui indiquent seulement une étonnante délicatesse de sensibilité. Les moindres détails portent l'empreinte de cette subtilité, qui n'a d'égale que la franchise et la simplicité de l'artiste dans les grands partis. S'agit-il de régler en plan le tracé des cannelures, le Grec se garde bien de les évider à l'excès, solution grossière; mais il les compose de trois arcs de cercles de rayons différents, et creuse davantage les deux arcs extrêmes, afin de faire ressortir, par le voisinage d'un approfondissement dans l'ombre, l'acuité lumineuse de l'arête. Le Romain remplacera par un banal demi-cercle cette complexité savante. Les cannelures des triglyphes sont plus éloignées de l'œil que celles de la colonne; la lumière, arrêtée par le surplomb du larmier, ne les éclaire le plus souvent que par reflet. Au lieu de les arrondir suivant une courbe concave très ouverte, l'artiste les entaille en biseau, étroitement et profondément; la rainure garde ainsi toute sa valeur, même dans l'ombre de la corniche. Dans les effets concertés et dans les effets d'ensemble, il y a la même dépense de finesse et de subtilité que dans ces effets locaux et spéciaux. Voici, je suppose, une transition à ménager entre deux organes très différents. Il s'agit de passer de la colonne dorique à l'architrave, celle-là étant verticale et cylindrique, celle-ci étant horizontale et rectangulaire. On sait en quoi consiste la transition et par quels caractères elle se distingue de la *séparation*; dans la seconde, l'œil est arrêté et retenu; dans la première, il ne trouve nulle part une station et un repos; et, soit impétueusement, soit lentement, mais d'un mouvement continu, il avance vers les parties auxquelles il importe de le conduire. Le fin procédé par lequel le musicien change une à une les notes d'un accord, les autres se prolongeant, de façon à rendre imperceptible le changement total de ton, est aussi celui où l'artiste grec s'est montré maître dans la transition du fût à l'entablement. Un premier trait horizontal, la rainure, essaye de limiter l'élancement vertical des cannelures; elle n'y réussit pas, et les cannelures se prolongent au delà; des traits plus nombreux, les annelets, leur résistent de nouveau et les arrêtent enfin ; formés de fines entailles, la rainure et les annelets laissent dans l'œil une première impression encore discrète, et pour ainsi dire un commencement d'habitude de l'horizontalité. Au-dessus, l'*échinus*[1], rappelant encore par sa forme arrondie le cylindre du fût, se rattache d'autre part à l'architrave par l'arrangement de ses dimensions, c'est-à-dire par la supériorité de sa largeur sur sa hauteur. Son profil, assez voisin de la verticale, et lié continûment à celui de la colonne, commence néanmoins à douter, à s'infléchir, à revenir sur lui-même, de façon à effacer sans heurt l'impression de rigidité laissée par les cannelures. L'*abaque*[2] n'est que la moitié du tailloir primitif et intégral, l'échinus représentant l'autre moitié dont on a abattu les angles inférieurs. L'œil passe donc aisément de l'une à l'autre de ces parties. Il trouve dans la dernière une forme parallélipipédique et un rapport de dimensions tout à l'avantage de la largeur :

---

1. C'est le cône tronqué qui s'évase sous l'architrave.
2. C'est la tablette qui supporte l'architrave.

ce sont les deux conditions géométriques essentielles de l'architrave, qui succède immédiatement à cette sorte d'exemplaire réduit d'elle-même, dernier terme d'une transition extraordinairement étudiée. Quand on analyse de près cet enchaînement d'effets si savant et si délié, on s'étonne que certains juges compétents aient trouvé quelque chose de brutal et de heurté dans le chapiteau dorique. Peut-être, après tout, était-ce au dorique sicilien, ou même au dorique romain, si différent du dorique athénien, que s'adressait cette critique. Le collier saillant de la colonne latine, son quart de rond géométrique n'ont rien en effet qui ressemble à une transition fine. Au contraire, quelle gradation plus étudiée et plus coulante que celle de la colonne parthénonienne? Les chapiteaux ioniques et corinthiens, si justement admirés à d'autres titres, sont bien loin de cette délicatesse presque subtile, jointe à une parfaite sobriété.

Chose frappante : il semble que l'œil en Grèce soit un sophiste comme l'esprit ; consommé dans l'art de subordonner les effets, l'artiste excelle et souvent se plait à rapprocher et à fondre deux caractères absolument contradictoires. C'est ainsi qu'on voit agir ensemble et de concert, dans le Parthénon, deux tendances que nous avons perdu l'art de concilier : un goût passionné pour ce qu'il y a de net dans les formes géométriques, et une horreur profonde pour ce qu'il y a de brutal dans ces mêmes formes. Considéré de loin et légèrement, le Parthénon offre, dans son ensemble et dans toutes ses parties, des solides réguliers, de véritables cristaux; toutes les surfaces planes ont un périmètre régulier; on ne voit partout que figures à génération simple, triangle, carré, rectangle, parallélipipède, cylindre. Pas une forme veule ou douteuse, compliquée et difficile à définir. Que l'on approche davantage et qu'on regarde avec plus de soin, on verra que, de ces innombrables lignes droites, il n'y en a pas une seule qui soit vraiment droite. L'horizontale du soubassement est courbe ; les génératrices des colonnes sont courbes, les rampants des frontons sont parfois courbes. En un mot, tandis que l'impression générale et sommaire est celle d'une rigidité géométrique, cristalline, l'impression plus profonde et plus intime qui se mêle à la première et qui arrive aux sens comme enveloppée, est celle d'une sorte d'élasticité, d'une grâce flexible. Sensible sans être perceptible, ignorée de l'esprit au moment même où nos yeux en jouissent, elle ne soulève aucune contradiction, et elle suffit pour changer la raideur minérale des formes rectilignes en une fermeté vivante et souple du plus puissant effet [1].

Un autre exemple entre mille des exigences de ce tact si délicat, c'est cette pratique, particulière aux Grecs, que je ne saurais mieux nommer que « la contradiction préventive ». Quand on veut juger de l'effet d'une forme ou d'une combinaison de formes sur des sens fins, le meilleur moyen est d'étudier ce même effet sur des sens raffinés ou exaltés par la maladie. Voici un

---

1. « Il y a des lignes qui sont un monstre : la droite, la serpentine régulière, surtout deux parallèles. Quand l'homme les établit, les éléments les rongent. Les lignes régulières ne sont que dans le cerveau de l'homme. De là le charme des choses anciennes et ruinées ; la ruine rapproche l'objet de la nature ». (Pensée de Delacroix, recueillie par M. Ph. Burty sur l'un des carnets du grand peintre.)

névropathe regardant une poterie posée, bien à plat d'ailleurs et solidement, sur le bord d'une terrasse. Cette poterie *peut* tomber; mais le névropathe ne pensera pas qu'elle *peut* tomber, il sentira qu'elle *va* tomber; un degré d'exaltation de plus, et il croira voir qu'elle *tombe*. Cette hallucination se retrouve, à un moindre degré, dans une sensibilité saine, mais très délicate. En présence d'un désordre simplement possible, elle éprouve une sorte de malaise instinctif; une obscure inquiétude erre autour de sa jouissance. De là le procédé si finement imaginé par le Grec; il contredit d'avance le mouvement qu'on pourrait craindre, en commençant imperceptiblement juste le mouvement contraire. Grâce à ce correctif, la sensibilité s'apaise, et l'anxiété vague qui la troublait se dissipe. Voici par exemple le fronton qui vient reposer sur la colonne d'angle, où aboutit déjà l'entablement latéral. On sent instinctivement que ces charges poussent sur cette colonne, et qu'une action s'exerce pour la déverser en dehors. L'artiste grec ne se contente pas de la grossir, il la déverse sensiblement en dedans;

par là il nous rassure. En accentuant dans un sens le mouvement de la colonne réelle, il redresse la colonne imaginaire, inclinée en sens

Portique latéral du temple d'Érecthée.

opposé, que notre appréhension nous faisait entrevoir. Le même artifice a été employé pour les murs de la Cella. Il n'est pas moins distinct dans le portique des Errhéphores, au temple d'Érechtée. Chaque cariatide raidit en effet la jambe qui regarde l'extérieur et fléchit celle qui regarde la ligne médiane de la façade. Il n'y a point ici, que je sache, d'inclinaison *réelle* en dedans; mais l'attitude des statues en éveille discrètement la sensation, et par là elle refoule l'appréhension d'un déversement en dehors, qui naît spontanément à l'aspect d'un support angulaire.

On peut mesurer, par les analyses qui précèdent, quel degré de finesse ce procédé suppose dans la sensibilité oculaire. Avec nos sens émoussés, notre imagination lente, nos yeux qui, à force de savoir, ne daignent plus voir les choses, nous ne comprenons pas plus le correctif que nous n'éprouvons le malaise dont il nous délivre; les fines exigences du goût et les effets délicats qui les contentent nous échappent également.

On voit en quoi consiste ce qu'on peut appeler le goût ou le sentiment chez les Grecs. Il est plus subtil que fécond, plus pénétrant que vaste; il est, par avance, *intellectuel*. Dans le domaine du pur instinct, l'Oriental est très supérieur à son disciple. Avant que l'esprit hellénique ait pris possession de lui-même, quelle pauvre figure fait son voyant étalage, digne de paysans enrichis ou de matelots pillards, auprès des magnificences royales de l'Assyrie ou du luxe dynastique des marchands de Sidon. Les sens si déliés des Grecs ne sont point par eux-mêmes des créateurs d'ensembles; ils ne savent que se mettre au service de l'esprit et compliquer ses problèmes de leurs fines exigences. C'est dans des beautés élémentaires ou fractionnaires, dans des harmonies aisément décomposables qu'on les voit à l'œuvre sous l'empire de la raison, auteur conscient du plan d'ensemble, coordinatrice souveraine de toutes les opérations partielles d'où sortira l'œuvre d'art. Il nous reste maintenant à suivre dans son évolution cette faculté maîtresse. Naître, grandir, lutter, vaincre et abuser de la victoire, voilà les étapes du progrès rapide accompli par l'intelligence, et l'art grec en porte la profonde et multiple empreinte.

II

L'INTELLIGENCE

Il suffit de parcourir un chant d'Homère pour y observer un sentiment très vif et une perception très claire de la réalité extérieure. Le poète aime la nature; il la goûte jusque dans l'extrême détail. Le moyeu d'une roue, une barque, un sceptre sont conçus et décrits avec une précision de commissaire-priseur. De petits paysages, comme l'île de Calypso ou celle du Cyclope, révèlent un amour curieux de la nature sensible. Mais les comparaisons, surtout, trahissent en quelques mots une observation attentive et une connaissance familière des choses extérieures. Quand les servantes infidèles d'Ulysse sont pendues en rang dans la cour, le poëte les compare à des colombes ou à des grives prises dans des rêts : « Elles agitent un instant leurs pieds et bientôt cessent de respirer et de vivre ». Dans le palais d'Alcinoüs, un grand nombre de femmes sont occupées à broyer le froment et à d'autres travaux domestiques; « leurs mains », dit le poëte, « sont perpétuellement agitées comme les feuilles du peuplier ». Je ne sais à quel endroit de l'Iliade, un guerrier étant tombé, Homère voit les battements du cœur soulever encore et faire trembler le trait enfoncé dans la poitrine. On ne saurait pousser plus loin l'aptitude à bien regarder, à distinguer le détail vivant et pittoresque.

Le Grec n'a pas seulement le don d'observer finement, de dépeindre fidèlement la nature, il en a aussi le goût. Pour ses sens fermes et dispos, la description pure et simple d'un objet quelconque est déjà une œuvre d'art. L'exactitude est à elle seule une beauté. Il faut descendre jusqu'à la Renaissance pour retrouver ce simple et franc amour de toutes les formes sensibles.

Dès l'origine, cependant, on reconnaît que ce sentiment si vif de la réalité n'est pas isolé. Il est dans le voisinage et dans la dépendance d'un penchant bien autrement énergique : le goût du classement et de l'ordonnance, ou plus précisément *l'esprit analytique et distributif*. A les étudier de près, ces descriptions si exactes ne sont pas celles que produit une vue toute passive de la réalité; on y sent moins l'empire de la sensation que l'intervention active et façonnante de l'esprit diviseur et classificateur. Prenez par exemple ce petit tableau dans le genre flamand, si délicieusement rentoilé par le traducteur Jamyn :

>Télémaque ouvrit l'huis de sa chambre bien faicte,
>Se mit sur son séant, sur sa couche bien nette;
>Sa robe simple et molle à l'instant despouilla
>Et de la sage vieille es mains il la bailla,
>Qui, l'ayant nettoyée et l'ayant bien pliée,
>La pendit à la perche auprès du lit clouée,
>Puis sortit de la chambre et tira de son doigt
>Avec l'anneau d'argent la porte quant à soy
>Et avec la courroie aux deux côtés pendue
>Ha la barre fermante en travers estendue.

Il est impossible de voir plus clair et de dire plus net. Pas une lacune, pas un enjambement d'un trait sur un autre, pas une ombre ou un ton brouillé. Tous les objets sont éclairés avec la même force, comme s'ils étaient sur un même plan; tous les moments de la sensation ont la même importance et ne diffèrent que par leur rang dans la procession ordonnée où ils s'espacent. Mais peut-être, au sein même de cette perfection, manque-t-il cette hiérarchie des détails, ce reculé des plans, cette fuite de la perspective qui sont le caractère d'une vision absolument naturelle et normale. Il y a dans ces dix vers quelque chose de plus remarquable que la lucidité originelle de la sensation, c'est le besoin de connaître et la perfection de la méthode. « Voir pour savoir » est la meilleure expression de cette nuance. Ces détails égaux entre eux, qui occupent des cadres secondaires régulièrement distribués dans le grand cadre, font penser à ce treillis géométrique, que l'artiste novice trace sur son modèle, afin de savoir au juste la place et les proportions de chaque partie. On ne sent pas l'homme qui prononce avec l'accent que lui dicte son émotion, mais plutôt l'enfant prodige qui trouve à lui seul l'art d'épeler, et qui épèle avec attention et netteté. Ici, ce n'est pas la réalité telle quelle qui s'impose à l'esprit; l'esprit déborde sur elle, il la découpe afin de la connaître. Le plaisir du classificateur s'ajoute à la simple jouissance de l'homme sensible, et le goût de l'ordonnance et de l'enchaînement s'accuse, avec une énergie singulière, à côté du sentiment de la réalité.

Ce qu'on observe dans l'arrangement des sensations ne s'observe pas moins nettement dans l'arrangement des idées. L'un des traits les plus frappants de la phrase homérique, c'est que l'omission et le sous-entendu y sont sans exemple. Je ne crois pas qu'on puisse signaler dans l'Iliade ou dans l'Odyssée une ellipse ou un enthymème. Bien mieux, quand le poète hésite entre deux hypothèses contradictoires, il ne manque jamais de les exprimer toutes les deux. Un personnage moderne, se préparant à revoir son père après un long exil, dirait avec Ulysse : « Je veux voir si mon père me devinera et me connaîtra avec les yeux »; préoccupé surtout d'un désir et d'une espérance, il n'aurait nul besoin d'énumérer tous les cas possibles et de voir se balancer sous ses yeux une alternative logique irréprochable; il n'ajouterait donc pas, comme le fait Homère : « ou s'il ne me reconnaîtra pas, à cause de ma longue absence ». Ce besoin de distribuer les idées dans une ordonnance régulière et sans lacune, et de les déployer en quelque sorte sur un même plan, est l'un des caractères les plus frappants de la langue homérique.

On tient ainsi le premier terme et la clef de l'évolution la plus profonde qui se soit accomplie dans le génie grec. Si nous avions eu à faire l'histoire de la sculpture, nous aurions suivi, à partir de la période légendaire, les progrès de ce qu'on peut appeler le sens de la réalité individuelle; nous aurions vu ce sentiment refouler, circonscrire, remplacer les créations imaginaires. Mais, presque en même temps, nous aurions pu distinguer, même dans cet art essentiellement imitatif, une autre puissance toute intérieure qui survient et dispute l'empire aux images reçues du dehors : c'est l'esprit distributif, tel que nous venons de le définir. Visible et actif dans toutes les formes d'art, il s'accuse nettement et profondément en architecture. Le sentiment de la réalité recule à son tour devant ce penchant énergique qui se développe sans interruption, revêt à chacun de ses progrès une physionomie nouvelle et plus complète, façonne et ordonne la sensation passive, découpe et échelonne la conception créatrice, pénètre par ses déductions jusqu'aux plus humbles particularités, et en remonte jusqu'à un système étroit et puissant dont toutes les parties se tiennent par des liens visibles, et où s'enchaîne pour jamais la faculté génératrice des grandes œuvres.

On peut distinguer plusieurs stades dans cette évolution intellectuelle; au premier de ces stades correspond ce qu'on peut appeler l'esprit simplement *analytique*. Un des caractères les plus marqués de l'architecture grecque procède directement de cet esprit : c'est la stricte spécialisation des organes. En physiologie comparée, on compte parmi les perfections d'un type qu'il y ait un organe pour chaque fonction, qu'il n'y ait pas plus d'un organe pour chaque fonction, et qu'il n'y ait pas plus d'une fonction pour chaque organe. Ce principe a été appliqué avec rigueur par l'artiste grec. Premièrement, on voit qu'il s'est proposé de créer autant de parties distinctes qu'il y a de rôles différents dans son édifice; secondement, on voit qu'il cherche incessamment à différencier ces parties pour l'œil du spectateur; troisièmement, on voit qu'il s'efforce d'écrire lisiblement la nature de chaque fonction dans les formes propres à chaque organe. Pour peu qu'on étudie un édifice comme le Parthénon, on sera doublement frappé, et de ce que les divisions y sont nombreuses, et de ce qu'il n'y en a pas une seule qui ne réponde à une différence dans les fonctions mécaniques. Quel contraste avec les monuments romains, où, dans un même membre (l'unité du membre étant déterminée par l'unité de l'expression ou du travail matériel), les moulures les plus variées se multiplient en vue d'une simple impression de richesse! Le Grec divise autant qu'il peut, mais non arbitrairement; il y a une limite à la divisibilité de l'organe, c'est l'indivisibilité de la fonction. Inversement, il ne fait jamais remplir deux rôles mécaniques différents par le même membre architectural; il n'y a guère dans son édifice d'instrument à deux fins. Ainsi s'explique la façon dont il a traité le *mur*. Quoique le mur serve parfois de support intermédiaire, il est essentiellement pour le Grec un organe de séparation et de clôture, et il n'y a d'organe propre de soutènement que la colonne. La curieuse construction du soubassement cellaire[1], formé de deux parements que sépare un vide[2], serait un contre-sens, si le mur était autre chose qu'une simple cloison. C'est le même point de vue qui dirigeait encore les architectes postérieurs, lorsque, dans leurs temples pseudopériptères, reportant le mur de

---

1. La cella est la chambre fermée qui se trouve à l'intérieur du portique.
2. A Égine, il semble que ce soit le mur tout entier qui soit formé de deux parements distincts. (Voir Garnier, *Restauration*.)

la cella à l'aplomb de la retombée du toit, ils ont néanmoins conservé les colonnes à l'état de fûts engagés. Ils indiquaient par cette disposition que les colonnes seules avaient fonction de support, et que le mur était un simple écran rigide dressé entre les étais sur lesquels venait reposer le comble. Le Grec ne distingue pas seulement par la position les membres de son édifice, il les différencie nettement par la forme. C'est ainsi que, dans le Parthénon, les parties qui travaillent et celles qui n'ont aucune fonction mécanique reçoivent deux genres très différents de décoration. A celles-ci la statuaire, aux autres les moulures architecturales. L'Hindou n'hésite pas à creuser une niche dans ses piliers et à y poser une statue. Le Gothique, dans le même but, évide son mur de façade, creuse les voussures de ses portes, ajoure ses pinacles. Le Grec n'admet point que la statuaire se répande ainsi sur les parties qui concourent à la solidité; il n'applique à ces parties d'autre décoration qu'une moulluration plus ou moins variée et agrémentée, et il réserve à la statuaire les *vides* qui s'ouvrent entre les membres solides de l'édifice. Nulle part, dans le temple grec, les statues ne se creusent une place dans un *plein*.

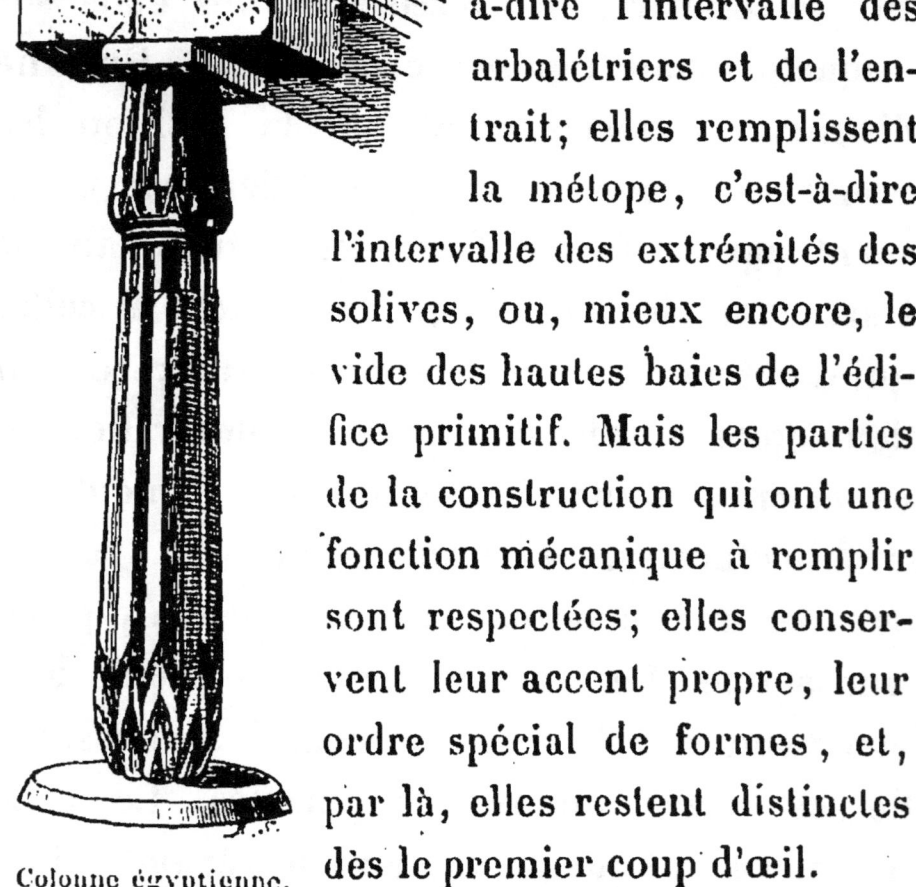

Colonne égyptienne.

Elles occupent le tympan du fronton, c'est-à-dire l'intervalle des arbalétriers et de l'entrait; elles remplissent la métope, c'est-à-dire l'intervalle des extrémités des solives, ou, mieux encore, le vide des hautes baies de l'édifice primitif. Mais les parties de la construction qui ont une fonction mécanique à remplir sont respectées; elles conservent leur accent propre, leur ordre spécial de formes, et, par là, elles restent distinctes dès le premier coup d'œil.

Enfin ces formes ne sont pas seulement différentes, elles sont caractéristiques; elles indiquent à l'esprit la fonction de l'organe qu'elles revêtent. On saisit ici le nouveau *principe plastique* qui remplace la copie plus ou moins arbitraire. A l'imitation succède l'appropriation. Voyez la colonne égyptienne ! celle-ci est vraiment une copie fidèle, une reproduction aveuglément servile. L'*apophyge*, c'est-à-dire l'étranglement du fût à sa base, figure le rétrécissement que les plantes bulbeuses affectent au sortir du sol ; les feuilles recouvertes qui enveloppent *l'apophyge* représentent les imbrications d'où sort le tronc ; elles se reproduisent à la base du chapiteau, à l'instar des bractées qui soutiennent la corolle. Souvent la colonne est côtelée, comme si elle était formée d'un faisceau de tiges ; pour les tenir réunies, des liens épais, semblables à

Colonne égyptienne.

des cercles de tonneau, s'étagent en haut du fût. Les chapiteaux sont de deux sortes ; ils figurent, soit la fleur conique en bouton, soit la fleur évasée par l'épanouissement. Avec un point de départ semblable, que devient la colonne grecque? Les considérations de stabilité font disparaître l'apophyge. Les cannelures ne sont plus les reliefs d'un tronc côtelé ou des nervures rondes représentant des tiges en faisceau : destinées à indiquer avec force par un même trait répété et comme par un écho multiple la direction verticale de l'effort, elles esquissent des creux où s'approfondit l'ombre derrière des arêtes vives qui accrochent le jour. Le dessous du chapiteau n'a plus l'aspect enrubanné qu'on observait dans la colonne égyptienne ; le Grec se contente d'une suite de fines entailles qui n'ont aucune ressemblance avec des liens et qui n'ont d'autre rôle que de faire pressentir la terminaison des cannelures. En redressant le profil de l'échinus, en le rendant camard, en le ramenant sur lui-même à la partie haute, le Grec est infidèle à l'analogie florale ; mais c'est qu'il cherche à rendre plus net, plus dégagé, plus visiblement efficace, le geste que semble faire la colonne, en s'approchant de l'architrave, pour en assurer la stabilité. Jamais le Grec n'aurait tracé des figures verticales sur l'architrave, à l'exemple de certains architectes égyptiens; il sait trop bien que ce membre architectural est une sorte de soubassement supérieur, destiné à unir entre eux des membres espacés, et qu'une telle fonction ne comporte que des accents horizontaux. Les ciselures verticales montrent de même le sens de la tension du triglyphe. Partout enfin, la direction des forces est marquée aussi nettement que lorsqu'on indique par des flèches, sur les cartes marines, la direction des courants. Toute l'organisation intérieure et pour ainsi dire le jeu dynamique de l'édifice devient visible dès le premier regard. Ainsi, dans toutes les parties, on voit décliner à vue d'œil l'étroite religion de la ressemblance littérale pour faire place à une préoccupation d'un autre ordre, celle d'inscrire, dans les formes extérieures, la fonction mécanique de

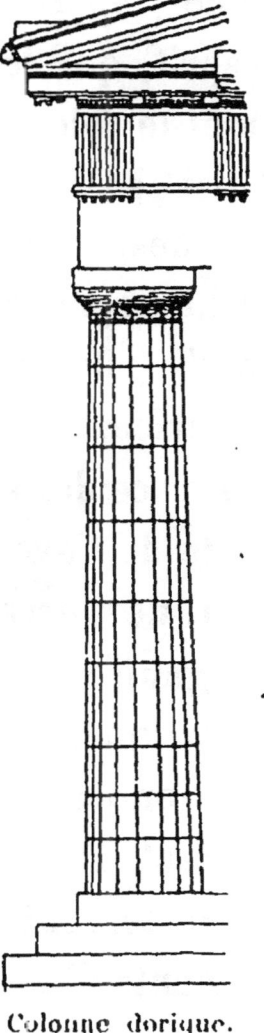

Colonne dorique.

chaque organe. L'artiste n'imite plus, il invente d'après certaines données; il n'est plus l'esclave d'une fantaisie capricieuse, il est le ministre d'une appropriation savante, il raconte à l'esprit, qui les distingue d'un seul regard, la fin et le rôle de chaque membre architectural. Ainsi se complète cette spécialisation des organes, commencée par l'esprit analytique; les analogies symboliques de l'Orient achèvent de s'y effacer sous la pression d'une logique créatrice.

Par ce dernier mot, nous touchons au second stade de l'évolution spirituelle. La raison, en effet, ne s'arrête pas à cette forme élémentaire d'organisation que nous avons appelé l'esprit analytique. En se développant elle prend une physionomie et des allures nouvelles; elle devient l'esprit *logique*. L'habitude de voir distinctement et de mettre en rang tous les éléments d'une question est en effet ce qu'il y a de plus propre à faire découvrir l'ordre et l'enchaînement par excellence, je veux dire l'ordre et l'enchaînement dialectique. Cette aptitude était restée étrangère à l'Orient. Les idées de l'Oriental sont mêlées les unes aux autres; chaque groupe monte séparément et en gerbe du sein d'une émotion dominante. Comment démêlerait-il les divisions, les oppositions, les analogies de ses pensées? La marche de son esprit lui échappe, parce qu'elle ne figure pas un mouvement en avant suivi et saisissable, mais un mouvement ramené sur soi-même et inextricablement entre-croisé. Le Grec, au contraire, toujours maître de lui-même, commence et achève sans interruption l'étude du monde intérieur; sur cette trame qui se déroule sans lacune sous une lumière immobile, il distingue aisément tous les fils qui rattachent les idées entre elles, les accouplent ou les séparent. De toutes ces observations, il fait un art; il compose et raffine cette marche savante de la pensée qu'on appelle la Dialectique. Substituer le procédé logique au procédé intuitif, telle a été l'œuvre propre de la Grèce, et c'est par là surtout qu'elle s'oppose à l'Orient.

L'énergie et la prépondérance de l'esprit logique se montrent dans toutes les œuvres du génie grec; elles vont croissant à mesure que ce génie se développe. Quand Aristote promulgue le syllogisme dans ses Analytiques, il ne fait que rédiger en loi positive une habitude qui, suggérée par un instinct vivace, fortifiée par une longue pratique, faisait depuis longtemps partie des mœurs de l'intelligence. L'omniprésence, la présence en excès de la déduction sont le caractère commun de toutes les branches du développement spirituel en Grèce. Ici le raisonnement tient la place que devrait occuper l'expérience. La scolastique, dont le trait essentiel est le déclassement du procédé d'observation, ne date point du moyen âge; ses ancêtres sont Platon et Aristote. Là, le syllogisme empiète sur le domaine réservé du sentiment. Dans les tragédies grecques, s'il y a une large part faite à la peinture exacte des caractères, que de fois une glaciale prolixité nous transporte du théâtre sur les bancs d'une école de rhétorique! « Jamais pour mes enfants, si j'avais été mère, dit Antigone à Créon, jamais pour un époux, si j'avais eu à pleurer sa mort, je n'aurais tenté, malgré les défenses publiques, la démarche que j'ai faite pour mon frère Polynice. Quel est donc le motif qui a dicté ma conduite? Après la perte d'un époux, j'en pourrais trouver un autre; mais quand mon père et ma mère sont descendus chez Pluton, la perte d'un frère n'est plus réparable ». Dans la même tragédie, Hémon et Créon discutent dans le langage le plus abstrait, d'abord en se répondant vers par vers, puis en se mettant à l'aise dans deux longs alinéas, les droits de la royauté et du peuple. Le chœur écoute, juge, décerne la palme au meilleur dialecticien, ou, plus fidèle encore à son rôle de rhéteur sceptique, il répartit l'éloge entre les défenseurs habiles de deux thèses *probables*. Il sourit à Créon en ces termes : « Si notre jugement n'est point affaibli par l'âge, il nous semble que tes paroles sont dictées par la sagesse ». Il n'est pas moins favorable à Hémon : « O roi, il est juste de l'écouter, s'il ouvre un bon avis, et toi mon fils, écoute ceux de ton père; car des deux côtés vous avez *bien parlé* ». Ainsi le plaisir que cause un raisonnement bien fait est assez vif pour qu'on interrompe, afin de lui faire place, l'expression des passions et le mouvement de l'action vers la crise. Un syllogisme ne saurait être déplacé nulle part, même en plein pathétique, et nul ne s'avise de trouver que cette rhétorique abstraite, sans lien avec les sentiments du héros, fasse à la fois un vide et une tache dans la trame des caractères dramatiques.

Cette intempérance même révèle l'intensité et l'activité sans bornes de l'*esprit logique*. Prépondérant en architecture comme ailleurs, il est le plus fécond des principes plastiques qui règlent le choix et l'invention des formes. Assurément il serait présomptueux d'affirmer que toutes les beautés d'un édifice comme le Parthénon sont le produit d'un travail intellectuel conscient. L'artiste, impatient de produire, ne s'attarde guère à considérer l'enchaînement de ses idées; il pousse d'un seul élan jusqu'aux conséquences pratiques qu'il peut tirer de la conclusion. Phidias a donc pu ne pas concevoir à l'état de syllogismes développés et en forme des raisonnements qui n'en ont pas moins existé dans son cerveau, agi par sa main, laissé leur trace dans son œuvre; les ayant dépassés trop vite, il ne les voyait plus qu'en raccourci. Qu'on me permette une image : parfois un insecte ailé traverse le champ visuel en tourbillon, si vite qu'on pourrait le prendre pour un grain de sable ou de poussière entraîné par le vent; le naturaliste le fixe sur un parchemin, étale ces ailes qui faisaient nuage devant le corps, met à nu les fines articulations qui sont les organes et les ressorts du mouvement. Il y a ainsi des déductions quasi-intuitives, dont les éléments échappent à l'esprit créateur, qu'elles traversent rapides et comme enveloppées; elles n'en sont pas moins composées et décomposables. Ce n'est pas les fausser que d'en isoler, d'en espacer les parties, de les rattacher ensuite par des liens visibles et d'en faire sentir l'ordonnance d'abord inaperçue. En ce sens il n'y a pas dans le Parthénon un seul effet d'art de quelque importance qui ne soit, sinon raisonné, au moins *raisonnable*.

L'art où le Grec excelle et où il est sans rival, est celui de subordonner les idées. Il s'agit par exemple de régler le tracé des deux verticales convexes qui figurent latéralement le profil de la colonne. Créer une impression d'élasticité sans affaiblir l'impression de fermeté, de légèreté et de stabilité qui convient à un support, tel est le problème délicat, agité et résolu par l'artiste. D'une part les courbes seront des hyperboles, de telle sorte que leur convexité diminuera à mesure qu'elles s'élèvent; ainsi elles paraîtront d'autant plus fermes et plus tendues, qu'elles seront plus près du point où commence leur effort pour soutenir les parties hautes; de plus, si convexes qu'elles soient, elles ne sont jamais fuselées, c'est-à-dire que leur diamètre maximum est toujours à leur base, ce qui est la condition et le signe d'une parfaite stabilité. De même, dans la colonnade intérieure qui a fonction de mener l'œil jusqu'à la statue, l'artiste, décidé à opposer une double ordonnance de colonnes à l'unité du jet de la statue, avait à régler au juste le degré d'intensité de cette opposition délicate. Évidemment la sensation essentielle est celle de l'avenue étroite qui détermine le courant du regard vers l'idole. Le doublement est une idée accessoire, une beauté de surcroît, dont l'effet doit rester faible; c'est en outre une fiction, puisque, dans le Parthénon du moins, d'après une opinion probable, il n'y a pas deux étages correspondant aux deux ordonnances, et cette fiction fût devenue choquante si elle eût été trop accentuée. Semblable au musicien qui étouffe sous son doigt la vibration de la corde qu'il touche avec l'archet, le Grec semble, en traitant les détails de sa colonnade à deux étages, n'avoir d'autre objet que d'atténuer et d'assourdir l'impression qu'il a volontairement cherchée. Il fait les deux ordonnances de même style; il les sépare seulement par une mince architrave; il donne à la seconde ordonnance, pour diamètre inférieur, à peu près le diamètre supérieur de l'ordonnance du bas. Ainsi on croirait voir une seule colonne en deux sections. L'idée de doublement subsiste; mais elle se subordonne et s'efface dans sa forme, de manière à ne pas attirer l'attention sur elle-même et à n'agir que de côté, par un discret accompagnement qui ne retarde ni ne détourne le courant de l'impression principale.

Appliqué à l'ensemble de l'édifice, l'art de

subordonner les idées prend un autre nom; il devient l'art de composer. Si l'on rapproche, en effet, l'une de l'autre les déductions partielles découvertes à la racine de chaque forme particulière, on voit qu'elles s'agencent de manière à former une sorte de hiérarchie dialectique, qui offre, au sommet, les grands partis du programme, tandis qu'au-dessous s'étagent les dispositions secondaires, puis les arrangements accessoires, et enfin les purs détails. C'est comme une suite de figures, dont la première et la plus étendue contient les amorces de celle qui vient immédiatement après, et ainsi de suite, de sorte qu'à la fin le premier cadre se trouve entièrement et richement rempli. Il est de mode aujourd'hui de croire que le génie est par essence instinctif, qu'il tombe au rang de talent dès qu'il voit clair dans ce qu'il fait, qu'il perd sa force plastique dès qu'il raisonne, qu'il ne travaille efficacement qu'en pleine masse et sur un fouillis primitif, d'où il dégage par degrés l'image définitive; qu'enfin, il ne saurait descendre d'idées très générales à des idées de plus en plus particulières, sans perdre de vue, dans cette série d'analyses et de synthèses, l'unité de ton et les effets d'ensemble qui sont le but le plus élevé de l'art. A en juger d'après les traces qu'a laissées sur le monument lui-même la manière de composer des Ictinus et des Mnésiclès, cette méthode condamnée est celle qu'ils ont suivie avec un succès sans égal. Jamais la beauté et la grandeur de l'impression générale n'ont été plus frappantes, quoiqu'elles semblent le résultat de longues et multiples déductions. Le Parthénon, le plus parfait des édifices, contient peut-être autant de syllogismes que de quartiers de marbre. On peut écrire à la base du fronton : nul n'entre ici s'il n'est dialecticien !

Ce caractère, qui n'est ici qu'indiqué, sera mieux éclairci et justifié par la monographie du temple grec qui doit être le couronnement et la conclusion de ces études. En ce moment il convient de poursuivre jusqu'au bout l'évolution de l'esprit grec et ses conséquences. La raison, en effet, n'en reste pas à la forme saine et substantielle de l'esprit logique ; elle s'aiguise, se raffine, se perd dans la subtilité, s'égare dans de vaines entreprises. Poussée en avant par une sorte de vitesse acquise, elle sort de la région moyenne où elle ne faisait qu'un avec le bon sens; elle s'enivre de ses propres procédés, et comme elle a passé de la simple analyse à la dialectique, elle passe de la dialectique à la sophistique.

On sait en quoi consiste la sophistique; elle n'est pas seulement l'habile maniement de l'ingénieux et du probable; elle est la poursuite pour ainsi dire friande du spécieux, l'art de rendre probable ce qui n'est pas, de donner à l'apparence les caractères de la réalité. Découvrir, non le vrai, mais le vraisemblable, prouver le pour et le contre, se jouer de la raison par le raisonnement, telle a été, au temps de Socrate, la prétention commune des sophistes. Cette prétention se retrouve en architecture; elle s'y est annoncée d'abord par l'extrême raffinement, elle s'y accuse enfin par la recherche du pur spécieux, du prestige, de l'illusion. L'artiste ne se contente pas de multiplier ses effets en proportion de la vigilance et de la délicatesse de la sensibilité à laquelle il s'adresse, il a encore la prétention de tromper cette sensibilité et de produire, non plus une impression solide et vraie, mais une hallucination subtile et attrayante. Héliodore de Larisse a fait en quelques mots la théorie de ces sophismes optiques, si goûtés de ses concitoyens. « La fin de l'architecte, dit-il, est de mettre son œuvre en harmonie avec les exigences des sens, et d'inventer des procédés pour duper la vue dans la mesure où cela est possible, en se posant pour but, non la symétrie et l'eurhythmie réelles, mais la symétrie et l'eurhythmie apparentes. » Assurément, rien n'est plus puéril et plus inefficace que cette recherche de l'illusion oculaire. Une simple remarque la condamne : c'est qu'il est presque impossible de tromper la vue sur tous les points à la fois ; il reste toujours quelque sensation non transformée qui, rompant l'unité du mensonge, trahit en même temps la vaine prétention et l'humiliante faiblesse de l'artiste. Vous annulez, dans les dimensions, la fuite d'une perspective, mais vous n'annulez pas la dégradation de la lumière et l'assombrissement des couleurs, et cette contradiction suffit pour détruire l'illusion en démasquant l'artifice. Toutefois, on ne peut nier que les Grecs n'aient eu à un haut degré l'ambition et le talent de faire des trompe-l'œil. C'est à cette tendance, résultat de l'enivrement dialectique et premier symptôme de décadence, que se rattache l'un des artifices les plus remarquables qui se rencontrent dans le Parthénon : je veux parler de l'artifice *augmentatif*, qui a pour objet de faire paraître, par tous les moyens possibles, l'édifice plus grand et plus spacieux qu'il n'est réellement. Supposons qu'un édifice comme le Parthénon ait dix fois ses dimensions réelles en hauteur, en largeur et en longueur : il se produira un certain nombre d'effets de perspective très sensibles et faciles à noter. Par exemple, les colonnes parallèles paraîtront se rapprocher l'une de l'autre à mesure qu'elles s'élèvent; les génératrices de chaque colonne produiront la même illusion, les jambages des portes pyramideront; quant aux lignes horizontales, leurs extrémités étant vues obliquement paraîtront s'abaisser par rapport au centre qui sera vu perpendiculairement; d'autre part, les intervalles successifs soit des fûts, soit des triglyphes sembleront plus étroits en raison de leur éloignement, et se resserreront d'une manière indéfinie. Eh bien, tous ces effets, l'artiste grec les a reproduits artificiellement et accentués à dessein dans son édifice de moyenne grandeur. Il n'a point laissé la perspective agir seule; il l'a secondée en faisant dévier réellement les directions qu'elle fait dévier en apparence. C'est ainsi qu'il a incliné l'un vers l'autre les jambages des portes, les montants des fenêtres, les axes des colonnes; il a tracé suivant une direction oblique les génératrices de la colonne, de telle sorte que celle-ci représente un tronc de cône; il a fait fléchir réellement les extrémités des lignes de l'entablement, qui ont déjà l'air de fléchir par l'effet de la perspective; il a courbé de même le soubassement, parce que, le temple étant fort surélevé par rapport au plateau de l'Acropole, sa surface d'assiette est au-dessus du niveau de l'œil et d'elle-même paraît déjà convexe. Les abaques de la façade ont été tenues plus larges que celles des flancs, celles du flanc nord ont été faites décroissantes de l'est à l'ouest, afin que le côté, qui mesure la profondeur du temple, parût avoir une fuite plus rapide et partant une longueur plus grande. Enfin, si l'on considère avec Penrose les métopes de la façade principale, on voit que celles des extrémités varient pour la largeur entre 4 050 et 4 150, tandis que celles du milieu varient entre 4 282 et 4 375. C'est la diminution naturelle de la perspective accentuée et exagérée. Ces faits ont un sens parfaitement net et défini. Quoiqu'on puisse trouver à la rigueur un petit nombre de faits explicables en sens contraire, on ne saurait douter qu'il n'y ait eu là un parti pris général d'imiter artificiellement les effets de perspective qui se seraient produits dans un monument beaucoup plus spacieux. Sans doute l'indication est discrète, elle n'en est pas moins positive et assez marquée pour frapper les yeux, pour les pénétrer de l'impression fictive d'une grandeur supérieure à la grandeur réelle. Cet artifice nous donne la mesure, non seulement de l'extrême raffinement de l'artiste, mais aussi de la prodigieuse subtilité de sensation du spectateur qu'on entendait satisfaire par de tels procédés.

Enfin, l'évolution rationnelle dépasse même les limites de l'esprit scolastique ; elle aboutit à une forme nettement définie qui en est comme le terme extrême, celle de l'esprit *systématique*. Le Grec n'éprouve pas seulement le besoin de raisonner tout ce qu'il fait, de le raisonner sur place et en tenant compte des circonstances, de le rattacher aux vérités moyennes, aux règles du sens commun. Il a la passion de tout mettre en théorie, de tout réduire aux formules générales les plus simples. Ce penchant se traduit, dans les sciences, par une recherche prématurée et exagérée de l'unité; dans les arts, par l'abus et l'omnipotence de la règle. Quoi d'étonnant? Si l'Orient est l'enfance maladive de l'humanité, la Grèce n'en est-elle pas l'adolescence saine, florissante, ambitieuse, pleine d'une foi qui va jusqu'à la présomption? C'est le propre de cet âge. L'enivrante sensation de force que produisent les principes généraux la première fois qu'on les découvre, qu'on les manie, qu'on les fait rayonner dans le chaos des faits, engendre chez le jeune homme le désir impérieux d'en trouver en tout de semblables, et alors de tout régler par eux, de faire dépendre d'eux jusqu'aux moindres détails, en même temps qu'il les combine, les résume, les relie à des principes plus élevés et moins nombreux : de telle sorte qu'à la fin, d'un seul axiome souverain on puisse descendre sans interruption jusqu'aux plus humbles faits, jusqu'aux plus lointaines particularités. Ramener les ensembles à des formules générales, nettes et précises dans la science, pratiques et infaillibles dans l'art, rattacher toutes ces formules à une seule, telle a été l'ambition constante et la prétention de plus en plus marquée du génie hellénique.

A la vérité, il n'y a rien de semblable aux origines. L'esprit n'a encore d'autre chaîne que la tradition; quand il s'en dégage, il se montre libre, souple, aisé; l'ordre parfait dans lequel il se tient indique quelque chose, non de réglé, mais de régulier par nature. Le fin jugement de M. Egger sur le style d'Hérodote, « grammatical avant la grammaire », s'applique aux premières œuvres du génie grec. Mais, dès que ce génie prend conscience de lui-même, le courant qu'on vient de signaler apparaît et s'accuse. Il se manifeste dans les sciences, comme nous l'avons dit, par la poursuite prématurée, impatiente et présomptueuse d'un principe unique. En philosophie naturelle, une seule substance ou un seul concept abstrait nous donnera le mot de tout l'Univers : ce sera l'eau ou le fluide pour Thalès, le feu pour Héraclite, l'air pour Anaximène, le nombre pour Pythagore. En philosophie morale, après une rapide classification des penchants humains et des fins qu'ils se proposent, une seule question restera debout, celle de la fin suprême, du souverain bien, du bien unique. Pour les uns, ce sera l'*anesis*, c'est-à-dire le relâchement délicieux de l'âme au sein de la volupté ; pour les autres, le *tonos*, c'est-à-dire la tension vibrante d'une âme maîtresse d'elle-même, insensible à tout autre plaisir que celui de se dominer et de dominer la fortune. Ainsi, la riche variété des penchants humains est méconnue; le goût de la simplification à outrance produit une théorie étroite où la vérité se déforme, où la vie s'appauvrit et se dépouille, où l'âme étouffe et se glace. Dans les arts de toute nature, le même abus de l'esprit logique se révèle par le goût de la réglementation, par l'intempérance législative. Voyez la politique. La Grèce est le pays des constitutions idéales : la république de Platon est le meilleur exemple de ces chartes de papier, de ces cadres généraux tracés d'avance et loin de la réalité, où l'on prétend ensuite faire entrer et se déployer sans accident cette chose ondoyante et complexe, cette gerbe de contradictions, ce flot gros d'actions et de réactions qu'on appelle l'homme.

Mais c'est surtout dans les arts proprement dits, j'entends dans les arts de la forme, qu'il est intéressant de suivre ce penchant régulateur, ordonnateur et simplificateur. Cela commence par l'art oratoire. C'est une date funèbre que celle de la 78º Olympiade (466 av. J.-C.). Cette année là paraît le *Manuel de rhétorique* du Syracusain Corax, le premier livre connu où il soit traité théoriquement d'un art quelconque. C'est le premier exemple de ces règles tracées d'avance qui, n'ayant voulu d'abord que guider l'inspiration, ont abouti à la prétention d'en tenir lieu et ont plus d'une fois prévenu et découragé, par leurs réponses toutes prêtes aux questions posées, la libre initiative du génie. C'est la première collection de ces cadres tout faits qui, par degrés, se sont agrandis et enrichis au point que le *fond*, la *toile*, a pu disparaître sans qu'on s'aperçût qu'il n'y avait plus de tableau. De là date la funeste théorie des topiques, c'est-à-dire des lieux communs généraux où l'orateur va puiser quand il est à court, au lieu de presser le sujet lui-même. En ce sens, on peut dire qu'après avoir légué au monde les plus admirables modèles littéraires, les Grecs lui ont légué, en finissant, le principe le plus délétère, le plus destructeur de toute beauté vraie. Ce même goût de la règle à outrance se montre en effet dans tous les autres domaines; comme il a enchaîné l'éloquence dans la rhétorique, il enchaîne la sculpture dans la symétrie et le *canon*; dans l'art dramatique, il engendre le principe des trois unités, et son rayonnement vient, à deux mille ans de distance, refroidir notre xviie siècle. En architecture, enfin, il rédige par degré toute cette législation spécieuse, à la fois rigide et incohérente, qui, après avoir étouffé l'œuvre d'art véritable, a fourni un cadre magnifique à la pauvreté pompeuse de la décoration romaine et aux contresens de la Renaissance.

Vitruve, qui n'est que l'éditeur en latin des architectes de l'époque d'Alexandre, nous révèle en effet le curieux travail dont ces derniers ont consigné les résultats. De tout temps l'esprit grec, mis en présence du problème d'art, s'est efforcé de le simplifier, de le ramener à une formule moins complexe et plus générale, c'est-à-dire applicable et facile à appliquer dans tous les cas possibles. Le premier symptôme qui révèle cette tendance, c'est la substitution de l'*équation de la colonne* à l'*équation du temple*. « Construire un temple » est une expression excessivement vague, et ainsi énoncé, le problème comporte les solutions les plus variées. Le théoricien grec, en parcourant la série de ces solutions, fait comme le mathématicien qui, ayant à résoudre des équations à plusieurs inconnues, les écrit toutes *en fonction* d'une seule inconnue.

Il écrit tout en fonction de la colonne; il classe tous les genres par rapport à la colonne. Considère-t-on le plan des temples, on voit paraître le prostyle, l'amphiprostyle, le périptère, le pseudopériptère, le diptère, le pseudodiptère, qui ne diffèrent entre eux que par la disposition de la colonnade, ici limitée à la façade, là développée sur tout le pourtour; ici largement espacée, là serrée contre le mur cellaire. Abordez-vous un autre chapitre, vous rencontrez, soit les édifices hexastyles, octastyles, décastyles, etc... ainsi nommés d'après le nombre des colonnes de façade, soit les temples systyles, eustyles, diastyles, aréostyles, qui sont caracrisés par la distance des colonnes entre elles. Un peu plus loin vous trouverez les ordres qui se distinguent surtout par la forme des colonnes, si même il ne se trouve pas que cette forme soit leur unique différence, comme pour le corinthien et l'ionique. Il semble qu'au lieu de considérer, et, partant, de remanier chaque fois le type en son entier, le Grec ait cru pouvoir atteindre aussi sûrement le but, en ne considérant et ne faisant varier qu'un seul élément.

Dans l'ordre d'apparition des grands styles et dans le caractère qui les distingue, on reconnaît la trace du passage de ce sophisme algébrique. Le dorique est le style vraiment et purement grec; il domine pendant toute la période archaïque et au siècle de Périclès. L'ionique, emprunté à l'Assyrie, le corinthien, qui ne s'est complété qu'entre les mains des conquérants latins, ont surtout fleuri au temps d'Alexandre et pendant la période romaine. Or, dans le dorique, la colonne est encore un membre subordonné, l'entablement reste la partie dominante; c'est ce que montrera tout à l'heure l'analyse du Parthénon. Porté sur une colonnade basse et sobrement ornée, prodigieusement étendu en surface, l'entablement dorique déroule près de l'œil la décoration animée et pleine de sens de sa frise et de son fronton. Mais l'heure vient

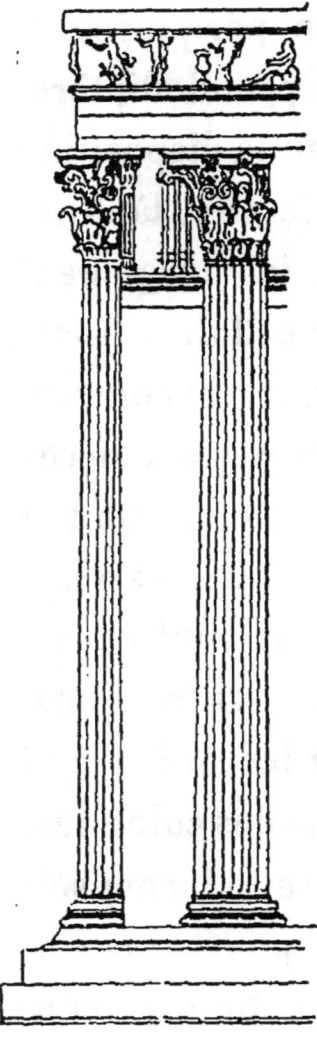

Ordre ionique.

où cette puissante conception est délaissée. Vitruve n'en a plus la clef; il n'en sait plus que le *nom* et il le cite comme celui d'un système depuis longtemps passé de mode. Dans l'ionique et dans le corinthien, qui, dès lors, supplantent le dorique, la colonne n'est plus un membre secondaire; elle devient le grand trait monumental. Une base élégante la sépare de la terre; son opulent chapiteau, plus semblable à une terminaison qu'à une transition, la sépare de l'entablement. Ainsi détachée et isolée entre ses deux extrémités, elle s'élève indépendante et comme pour elle-même; elle n'est plus un support, mais un *édicule* complet et parfait. Au-dessus d'elle, les parties supérieures s'effacent, par le niveau même où les reporte la

Ordre corinthien.

hauteur plus grande de la colonne; en outre, elles se subdivisent et leurs dimensions réelles s'amoindrissent; leur décoration perd enfin, en cultivant des ornements arbitraires qui ne s'adressent qu'aux sens, sa valeur morale et son vif intérêt dramatique. Que disent désormais à l'esprit cette architrave amincie, avec ses moulures agrémentées, cette frise à bucranes ou à rinceaux, cette corniche surchagée de feuillages et de joyaux? Le chapiteau corinthien qui s'allonge, merveilleusement décoré de ses feuilles d'acanthe, écrase de son voisinage la frise privée de ses grands épisodes héroïques. Que dis-je? c'est ce chapiteau, c'est cette suite magnifique de grandes vasques fleuries qui est la frise véritable, et le reste est réduit au rôle de simple couronnement. Quand Vitruve appelle *ornamenta*, ornements de la colonne, les membres de l'entablement, il caractérise d'un mot la révolution préparée par l'esprit réducteur et algébriste de l'artiste grec, je veux dire le triomphe de la colonne, ramenant tout à elle et résumant en un seul terme toute la complexité du programme monumental. L'étude des différents styles, dans leur succession historique, ne fait donc que confirmer l'intéressante conclusion qui ressortait déjà à demi de la classification vitruvienne; elle met en pleine lumière l'un des dons et en même temps l'une des faiblesses les plus caractéristiques du génie grec.

Le théoricien va plus loin; non seulement il substitue à la complexité naturelle du problème architectural la simplicité artificielle de ce même problème ramené à un seul terme, mais il veut ignorer les conditions sociales et locales de tout programme monumental; il n'en retient que les plus générales et les plus abstraites; il croit qu'il aura tout gagné s'il découvre une solution type, applicable à tout un genre et non plus seulement à un cas particulier; il ne s'aperçoit pas qu'il aura seulement perdu ou grandement diminué ses chances de faire une œuvre individuelle et vivante. C'est ainsi qu'il réduit à trois ou plutôt à deux modes déterminés (car le corinthien est à peine grec), les moyens généraux d'expression dont dispose l'artiste. Les styles dorique, ionique, corinthien forment une échelle qui va de la gravité à la délicatesse[1]. On n'a rien à cher-

---

[1]. Vitruve, I, 16.

cher en dehors de ces cadres définis ; point de solution intermédiaire. Ce sont comme les modes majeur et mineur en musique ; il faut nécessairement qu'une mélodie appartienne à l'un ou à l'autre. Je ne doute pas que ces trois styles ne soient restés plus flexibles entre les mains des Grecs qu'entre celles de leurs disciples ; néanmoins, ce sont les Grecs eux-mêmes qui, de très bonne heure, ont clos la période créatrice et remplacé l'invention par une option entre ces types fixés d'avance. Le dorique, l'ionique, le corinthien remplissent à la fin, en architecture, le même office que les *topiques*, les lieux communs dans la rhétorique ; les uns et les autres procèdent de ce même penchant naturel qui, après avoir fait passer l'esprit de l'inspiration sans règle à la méthode, l'abaisse de la méthode à la formule et à la recette.

L'idée que l'orateur emprunte à tel ou tel topique peut revêtir les formes les plus variées ; les théoriciens grecs n'ont pas toléré cette indétermination en architecture. Le dorique, l'ionique et le corinthien ne sont pas restés des styles ; ils sont devenus des *ordres*, c'est-à-dire des systèmes dont toutes les parties sont d'avance définies dans leur forme et fixées dans leur proportion. Avec un fémur, Cuvier reconstruisait un vertébré paléontologique : un tronçon de colonne suffirait pour retrouver l'élévation d'un temple. Si le dessin des cannelures indique le style ionique, c'en est assez pour prévoir à la suite les formes de tous les membres monumentaux, de la base, de l'architrave, de la corniche. Le diamètre du fût prédit de même, à lui seul, toutes les dimensions des parties. C'est ce diamètre qui est le *module*, c'est-à-dire l'unité, ce qu'il faut entendre en ce sens que toutes les longueurs sont dans des rapports numériques exacts et fixes avec cette grandeur unique, et qu'il suffit qu'elle soit déterminée pour que tout le reste le soit aussi. Qu'on donne à deux architectes, travaillant séparément, le texte de Vitruve, un chiffre exprimant le module, et le nom de l'ordre qu'on préfère, ils aboutiront à deux figures monumentales identiques et pour ainsi dire superposables. Sans doute, les artistes de la grande époque ont échappé à cette servitude ; leurs œuvres en font foi. Ils ne subissaient pas la grammaire, parce qu'ils la faisaient ; ils n'en ont pas moins forgé des chaînes pour leurs descendants et pour leurs imitateurs. La tyrannique théorie des proportions est issue de leurs libres et heureux tâtonnements, enregistrés, fixés, érigés en lois générales et immuables par l'esprit systématique. L'excès naturel de l'esprit d'analyse et sa prétention de tout ramener à des règles universelles ne se sont jamais mieux trahis que dans ce formulaire, que l'artiste suit aveuglément, et qui construit à lui seul tout l'édifice autour d'une première forme donnée. Un barème tient lieu d'inspiration et de génie.

Un homme d'esprit qui avait beaucoup étudié l'architecture orientale accusait formellement le style grec de stérilité. Il eût été plus juste de dire que son admirable fécondité n'a pas duré très longtemps. Après avoir créé, avec une sûreté de logique qui n'ôtait rien à la fraîcheur de l'inspiration, le type le mieux approprié à son grand programme idéal, l'artiste a cédé la place au géomètre ; possédé de l'esprit d'analyse, il s'est avisé de décomposer son œuvre; il y a poursuivi, non pas seulement l'unité profonde et la vaste hiérarchie que nous allons essayer d'y retrouver, mais une conception étroite, artificielle et superficielle, où la libre activité créatrice s'arrête devant des modèles tout faits qui la rendent inutile. La jeune et saine ambition du Grec dans la littérature et les beaux-arts avait trouvé une pleine et glorieuse satisfaction dans les œuvres du siècle de Périclès; une ambition plus tardive l'a poussé à introduire dans l'art les procédés des sciences exactes; il s'est flatté de pouvoir ramener le problème monumental à une question de chiffres et à une règle de proportions. Il y a eu là un curieux changement d'attitude. Une prodigieuse finesse, une flexibilité sans limite avaient abouti à un certain nombre d'exemplaires irréprochables; ce résultat atteint, ces exemplaires ont servi de point de départ à une analyse d'un tout autre caractère; il a semblé que leur perfection consacrait tous les rapports et donnait l'efficace à toutes les recettes qu'on pouvait y découvrir. On a cru qu'en rédigeant la grammaire d'un poème admirable, né d'une inspiration spontanée, on parviendrait à saisir la beauté et le style, et à les enfermer dans des formules. C'est cette erreur qui a causé l'arrêt de développement du style grec. Ses destinées étaient écrites d'avance dans le génie de la race. En voyant l'esprit logique régner si souverainement au Parthénon, on pouvait presque pressentir l'abus inévitable qui, sous la forme de l'esprit systématique, allait arrêter la création spéciale et originale, et réduire l'effort des artistes postérieurs à un travail de raffinement sur un type à jamais fixé.

LE TEMPLE

I

CONSIDÉRATIONS GÉNÉRALES

L'idéal humain et héroïque, centre de la conception artistique en Grèce, a modifié profondément les conditions générales des arts transmis par l'Orient. L'éducation des sens, l'évolution de l'intelligence nous ont découvert les grands principes plastiques qui président à la sélection des formes. Il nous reste à montrer toutes ces forces opérant plus à l'étroit, sur un programme spécial et dans un édifice particulier, digne de servir d'exemplaire et d'illustration à l'architecture grecque tout entière. Parmi les monuments, le temple nous est indiqué par la grandeur du sujet, par la hauteur de l'inspiration, par la beauté des restes de ce genre d'édifices que le temps nous a conservés. Conçu dans son type moral le plus élevé, sous la forme du dieu olympien, l'idéal grec s'est créé par sa propre vertu un type monumental approprié. C'est ce type dont la monographie est à la fois le résumé, la confirmation et le couronnement de cette longue étude.

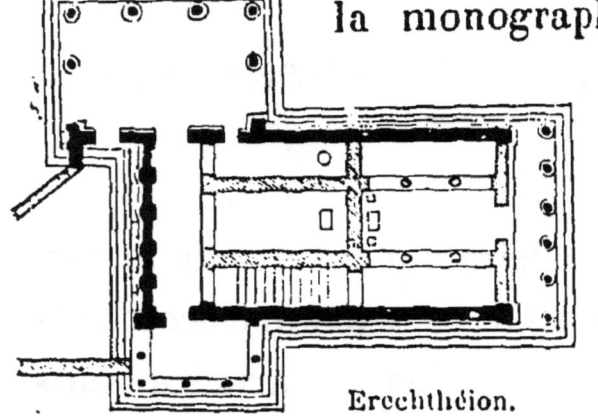

Erechthéion.

Tel dieu, tel temple : voilà l'axiome qui nous apparaît d'abord sur les hauteurs de la psychologie générale. Non seulement le plan d'ensemble de l'édifice mais plus d'un détail de la distribution et de l'aménagement s'expliquent par cette idée unique et féconde. Dans une telle analyse, on est d'abord frappé de la diversité des données; on prévoit une diversité correspondante dans les solutions; on craint donc de ne pouvoir dégager aucune loi générale. Ajoutez que l'idéal, c'est-à-dire le caractère de la divinité et de son culte, varie avec l'époque, le lieu et les circonstances ; les dieux venus d'Orient par une migration tardive s'opposent à ceux que l'hellénisme a eu le temps de transformer et de refaire à son image. Le type du temple peut donc être multiple. Il est incontestable, par exemple, que l'Érechthéion, avec son plan irrégulier, ses deux sanctuaires, ses trois prostaseis, ses vieilles idoles de bois de Minerve, de Mercure et de Pandrose, ses innombrables autels sous l'invocation de Neptune Érechthée, de Butès, de Hallo, de Jupiter Herceios, de l'Oubli, etc., son puits d'eau salée, son empreinte du trident, son olivier, son tombeau de Cécrops, etc., ne rappelle aucunement la conception une et puissante sur laquelle s'est moulé le Parthénon. C'est une agrégation de petites chapelles, une ruche indéfinie de cellules, une Église de tous les saints en quelque sorte, où la déesse ne fait que grouper autour d'elle et consacrer davantage, par sa présence, une multitude de dévotions privées et de cultes de hasard. L'Érechthéion fait l'effet d'un magasin de bric-à-brac de superstitions, en regard du grand Musée national qui domine l'Acropole. Le temple d'Apollon à Bassœ, construit par Ictinus, s'éloigne dans un tout autre sens du type principal. Il se distingue par la longueur inusitée de sa nef, par la profondeur de ses deux vestibules, par son péristyle intérieur de colonnes engagées, par l'absence de toute sculpture à l'extérieur, et par sa grande frise intérieure en haut relief. A Cyzique, on pouvait voir un temple à trois étages superposés, quelque chose comme l'église d'Assise en Italie. Parmi tant de variétés locales, c'est dans le Parthénon qu'il faut chercher la forme typique du temple grec, de même que c'est à Paris, à Reims ou à Chartres qu'il faut étudier l'église gothique, et non dans des lieux comme Cluny et la Sainte-Chapelle, où la forme originelle a été également altérée, soit par l'influence de l'esprit monastique, soit par l'humilité et la spécialité du programme.

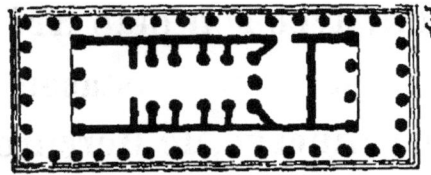

Temple d'Apollon (Bassœ).

Le Parthénon a toujours été considéré par les Athéniens comme leur édifice principal et central; il a reçu le tribut de l'admiration de tous les siècles; on l'a cité longtemps comme l'exemplaire par excellence du monument dorique; lorsqu'il a été construit, les tâtonnements avaient pris fin, le déclin ne commençait pas encore. S'il y a chance de saisir quelque part les plus hautes conceptions dirigeantes de l'architecture religieuse en Grèce, c'est dans ce temple célèbre,

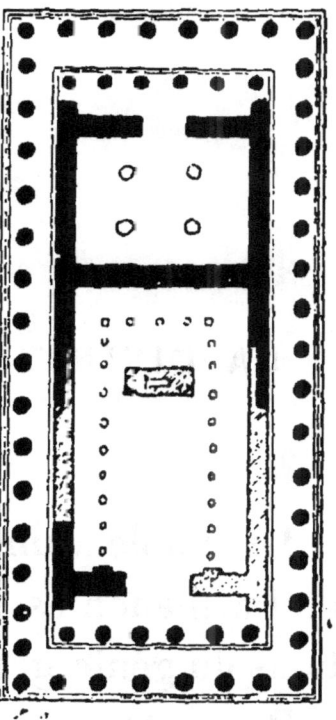

Parthénon.

situé pour ainsi dire entre les deux pentes, à la limite du progrès et de la décadence. Le Parthénon est l'exemplaire par excellence, l'épreuve sans hésitation et sans retouche, le type accompli de l'édifice sacré.

II

LA DIVINITÉ, LE CULTE, L'IDOLE

Le temple a une âme; c'est sa Divinité. Celle du Parthénon est l'une des plus riches conceptions du génie grec.

Pallas Athènè n'est pas une force occulte de la nature; elle ne ressemble pas à ces divinités chtoniennes que la Grèce honore par des *mystères*, ou à ces puissances indéterminées et désordonnées que l'Orient adore avec inquiétude. Elle est la profonde sérénité du ciel, ses yeux en réfléchissent l'azur, sa sagesse en rappelle la pure clarté. Elle préside, comme le dit Ottfried Muller, « à l'activité de l'esprit lucide et clair ». Déesse éthérée, elle n'a point le caractère ténébreux et inégal des forces qui remuent la matière terrestre; tout est lumière en elle, et cette lumière ne s'obscurcit jamais; ainsi elle réveille l'idée d'une beauté pure et sans mélange, d'une énergie supérieure et saine, d'une influence bienfaisante et régulière. Même dans son personnage métaphysique, elle n'a rien de mystérieux et d'effrayant; l'homme l'adore le front levé, avec un esprit sans nuages et un cœur apaisé.

Pallas Athènè n'est pas seulement la personnification d'une puissance naturelle ou d'une faculté de l'âme. Elle a un caractère moral et humain, elle remplit un rôle social. Protectrice du travail, elle préside à l'art du tisserand et de la fileuse, le potier l'adore en même temps que Prométhée, le charpentier l'invoque en construisant son navire, l'agriculteur lui doit l'olivier, c'est elle qui a dompté le cheval et enseigné l'équitation. Partout elle se mêle familièrement aux efforts suivis et réguliers des hommes; elle consacre leur tâche quotidienne.

Pallas Athènè n'est pas une divinité cosmopolite, comme le dieu moderne, elle appartient à un lieu, elle a une patrie, ou du moins elle aime une certaine ville avec choix et prédilection. C'est en elle que se réfléchissent les heureuses aptitudes et les glorieux souvenirs du peuple préféré. Minerve *Poliade*, elle, représente la providence qui veille sur Athènes. De même qu'elle préside à titre de Minerve *Erganè* à la construction des vaisseaux, force et gloire de la cité, elle est la donatrice de l'olivier, première richesse de la terre d'Attique. C'est elle qui a nourri Érechthée, l'ancien roi d'Athènes, et protégé Thésée dans ses entreprises hasardeuses. Armée de la lance, elle devient la Minerve *Promachos* qui combat à l'avant-garde pour la défense de sa ville; portant une victoire à la main, elle symbolise, sous le nom de *Nikè*, les exploits de son peuple; sous le nom d'*Agoraia*, elle anime les discours de la place publique et dirige par de sages conseils cette démocratie agitée. C'est avec raison que la cité s'appelle Athenæ, *les Minerves*. Aux yeux des Athéniens, la déesse est la patrie elle-même dans tous ses rôles et dans ses différents personnages; toutes les faces de la vie sociale et politique se trouvent représentées tour à tour par cette même figure, avec un simple changement d'attributs. C'est au point que l'essence métaphysique s'efface presque sous le relief du caractère local. Minerve ne paraît guère à titre de divinité universelle, elle est par excellence le Génie national d'Athènes.

Quel culte appelle une telle conception de l'être divin? Évidemment ce culte ne sera que par exception individuel et privé; il doit être essentiellement corporatif et national. Il n'a tout son sens que lorsqu'il est rendu par le groupe auquel répond chaque attribut divin, et surtout par la race tout entière, par la nation en corps. Aujourd'hui, l'homme s'isole, même au milieu de la foule, pour prier son dieu cosmique. A Athènes le peuple s'assemblait de corps et d'âme pour invoquer le dieu local, protecteur de la corporation, éponyme et bienfaiteur de la cité. Quatre-vingts jours de fête par an n'étaient pas trop pour satisfaire cette prédilection décidée pour le culte collectif.

La religion grecque était associée à presque

tous les actes de la vie. Un homme d'esprit a remarqué que les anciens étaient d'une dévotion bien plus étroite et bien plus minutieuse que les modernes. La remarque est juste : un Grec ne faisait aucune démarche importante sans la consacrer par un hommage rendu à la divinité. On mettait en perce les tonneaux de vin nouveau? Sacrifices et fêtes. On inscrivait un enfant sur les registres de la phratrie? Sacrifices et fêtes. On rouvrait la mer aux vaisseaux? Sacrifices et fêtes. Il semble que cette omniprésence du sentiment religieux dût rendre la vie hellénique extraordinairement grave et presque triste. C'est que nous jugeons de ce sentiment, d'après ce qu'il est devenu pour nous. Rien de pareil en Grèce à cette religion qui concentre ses préoccupations sur l'âme et la destinée de chaque individu et laisse échapper de plus en plus la direction de la vie collective, qui va se spiritualisant par le développement d'un corps de doctrines abstraites, qui exalte la dignité de la vie intérieure et remonte parfois jusqu'à une hauteur où ne peut vivre qu'un subtil et froid idéal. En Grèce, précisément parce que la religion était mêlée à tout, tout était mêlé à la religion; il n'y avait rien de profane, mais le sacré lui-même était à demi profane. Une religion qui prétend intervenir dans toutes les actions des hommes, ne durerait point, si elle ne se faisait tolérante et familière; c'est à la condition de se prêter à des intermittences qu'elle peut garder et imposer, à ses heures, une certaine gravité. Si elle est partout, soyez sûr qu'elle y est indulgente et souriante. Elle n'étouffe pas les joyeux et voltigeants arpèges du désir humain allant librement à son objet; elle les soutient seulement par la belle consonnance d'une tonique plus ferme. Strabon a nettement exprimé le sentiment royal que le Grec avait de son droit à jouir de la vie sous le regard des dieux. « On répète, dit-il, que les hommes ressemblent le plus aux dieux lorsqu'ils font le plus de bien; mais on peut dire avec plus de raison que cela a lieu lorsqu'ils éprouvent le bien-être au plus haut degré possible ».

Le culte des Grecs comportait donc une gaieté franche, une liberté d'allures et une familiarité que nous n'avons plus. Ce peuple ne prenait point devant son Olympe une attitude contrite et méditative, comme les modernes devant leur Dieu abstrait et lointain. Seules, les Euménides exigeaient un culte silencieux. C'est par des démonstrations joyeuses que l'Athénien croyait dignement rendre hommage à la divinité presque humaine qui avait présidé aux commencements de la cité. Minerve n'apparaissait pas sur les hauteurs métaphysiques, elle n'avait pas les exigences chagrines que nous prêtons à la divinité conçue comme l'être parfait. Mêlée à toutes les traditions nationales, sa légende touchait de près à celle des grands hommes d'Athènes; elle avait le prestige ami et familier d'un ancêtre. Aussi voit-on dans tous les actes religieux l'abandon (*anesis*) plein d'allégresse dont parle Strabon. Aux panathénées, on mettait en liberté les prisonniers; aux anthesteries, on faisait boire du vin aux esclaves; il fallait que non seulement ceux qui sacrifiaient, mais tous les autres se sentissent heureux. Le sacrifice était essentiellement un repas, et on y adorait Bacchus avec une ardeur et une dévotion particulières. En

Orient, le sacrificateur avait les cheveux couverts de cendres, les ongles longs, la barbe inculte. Chez les Grecs, il était couronné de fleurs, des parfums brûlaient autour de lui. Ainsi des images riantes environnaient de toutes parts le peuple des fidèles. Dans les fêtes, la cérémonie consistait surtout en une procession joyeuse et ornée. Le climat s'y prêtait; le beau ciel, l'air tiède, y invitaient les hommes[1]. Les dieux grecs, nous dit Apulée, aiment qu'on les honore par des chœurs de danse : c'est en effet par des danses que Thésée, revenant de Crête, rend grâces à l'Apollon Délien. Assurément, un des spectacles qui troublent le plus nos habitudes d'esprit, c'est celui des jeux qu'Achille célèbre sur la tombe de Patrocle avec un entrain et une animation extrêmes! Pas plus que le prestige de la mort, le respect de la divinité n'excluait ce déploiement de mouvement et de gaieté. Aux grandes panathénées, outre le long défilé accompagnant le voile qu'on allait suspendre tous les quatre ans dans le

---

1. L'aréopage lui-même siégeait en plein air.

temple de Minerve, il y avait des luttes gymniques, des courses à cheval avec des torches qu'on se passait de main en main, des concours de musique, des récitations des poëmes d'Homère, des combats de coqs... ² La frise cellaire du Parthénon, qui représente cette fête, a un caractère frappant. A côté de la procession des personnages graves, on voit des joueurs de flûte, des cavalcades animées de jeunes gens. Le cérémonial n'interdit pas les conversations; on voit deux personnages qui se suivent se passer un flambeau, ou se tourner l'un vers l'autre en causant. De même que l'admirable jeunesse de sensation qu'on goûte dans la poésie homérique ne craint pas les détails vulgaires et les pare de sa suave fraîcheur, de même, il semble qu'un flot de gaieté juvénile entraîne et mêle à la cérémonie toutes les scènes familières qui la précèdent : c'est un jeune Athénien passant sa tunique, ou nouant son brodequin; c'est un cheval chassant par un mouvement de tête les mouches qui lui

---

2. Dans je ne sais plus quelle ville du Péloponèse, il y avait même des régates.

piquent la jambe. La franche simplicité de ces épisodes, sculptés sur les murs d'un temple, montre à quel point les Grecs étaient exempts de toute sévérité ombrageuse et de tout scrupule superstitieux : leur libre allégresse ne se

Frise de la Cella.

laissait imposer aucune prescription gênante; elle ne se roidissait pas dans la dignité froide d'un rituel; elle n'admettait d'autre sorte de gravité que celle qui émane d'un sentiment naturel de décence et d'harmonie.

Le culte n'était pas moins exempt de ces actes contraires à la nature qui défiguraient la religion de l'Orient. Les mœurs des Grecs indiquent dès le principe cette saine interprétation de la vie. Ils n'ont jamais eu de castrats ; ceux des Phéniciens qui les fréquentaient avaient fini par renoncer à la circoncision. La même tendance les rendait hostiles à ces mutilations symboliques qui étaient si fréquentes dans les cérémonies de l'Asie Mineure ; Solon et Charondas avaient également interdit aux femmes de se déchirer le visage dans les funérailles. Les purifications après le meurtre sont dues apparemment à une influence orientale tardive : Homère les ignore. Ainsi, tout ce qui aurait pu donner au culte hellénique un sens profond et mystérieux, principe de rites inhumains, bizarres ou obscènes, était absent ou emprunté. Avec les mutilations, disparaissent ces fiévreuses alternatives de joie et de douleur qui caractérisent les cérémonies orientales : par exemple ces gémissements dont se réjouissaient, suivant Apulée, les dieux de l'Égypte, ou ce bruit effrayant de cymbales, de tambours et d'instruments à vent, par lequel on croyait honorer les dieux en Asie Mineure. La danse, ou, d'une manière plus générale, l'orchestique, qui semble, au dire d'Apulée, résumer à elle seule le culte grec, garde dans tous ses gestes et dans toutes ses allures un caractère sculptural. « Elle doit » dit Platon « rechercher les attitudes nobles et les mouvements tranquilles qui maintiennent entre les parties du corps des rapports harmonieux, et fuir l'agitation désordonnée ainsi que l'imitation des êtres contrefaits et ridicules ». Ainsi la gaieté n'avait rien d'excessif; elle gardait spontanément cette mesure exquise que les Grecs aimaient par un don de nature. La liberté qui régnait dans les cérémonies était sans frein, mais non sans limite, et cette limite était celle que trouvait de lui-même l'instinct délicat d'une race choisie. Tempérée et contenue par ce tact naturel, la fête religieuse consistait pour les Grecs à se réjouir autour de l'idole sacrée. La procession, les offrandes n'étaient qu'une occasion pour le peuple de se glorifier dans ses souvenirs, de s'admirer dans la beauté de ses éphèbes et de ses vieillards, de promener au soleil des corps robustes, agiles, exercés, capables de bien défendre la patrie. Accoutumés à la divinité chagrine et jalouse qu'a érigée devant nous l'Idéalisme moderne, nous avons peine à comprendre cette joie si entière et si pure, si exempte de remords, d'inquiétude et de solennité pédante, qui fleurissait ainsi autour de l'image souriante et divinisée d'Athènes.

La Divinité ne reste pas à l'état d'idée pure, elle revêt une forme sensible; elle engendre l'idole, et c'est l'idole à son tour qui engendre le temple. A l'origine, une pièce de bois à peine équarrie, et qui souvent passe pour être tombée du ciel, représente la déesse. Tel était le Palladium de Troie, telle la Minerve de Linde, figurée par une poutre non travaillée. La Pallas Attica avait, suivant Tertullien, l'aspect d'un « pieu informe ». Parfois un sceptre, un poteau triangulaire étaient offerts à l'adoration. L'idole passe rapidement à une figure moins élémentaire; elle devient un *xoanon*, c'est-à-dire une statuette encore grossière dont les jambes ne sont pas séparées, dont les bras sont collés au corps, et les yeux indiqués par un simple trait. Sous ces formes successives, l'image ou plutôt le symbole de la divinité n'est pas une œuvre d'art : ce caractère est même si parfaitement absent qu'un Mercure du temps de Cécrops était enseveli sous des branches de myrte qui le cachaient aux yeux. L'idole est une simple relique, un talisman. Les croyants ne désirent point la contempler ; il leur suffit de savoir que cet objet magique est en leur possession, qu'il exerce son influence mystérieuse, et que sa présence garantit la ville contre les attaques de l'ennemi.

A mesure que se dégage, dans l'esprit des Grecs, la divinité héroïque que sa légende ramène sur la terre et rapproche de l'homme, l'idole se modèle de plus en plus sur la forme humaine : c'est le moment des grandes statues d'or et d'ivoire. Ici l'apparence sensible n'est plus indifférente, elle est le trait essentiel. L'artiste qui a fait la statue, pas plus que le public qui a été témoin de son travail, ne peuvent y voir un talisman ; il ne leur vient plus guère à l'esprit d'attribuer à une telle œuvre une vertu inhérente à sa matière. La vertu de la Minerve Chryséléphantine, c'est sa beauté supérieure.

La perfection de sa forme, voilà le signe de son authenticité.

Toutefois, deux caractères spéciaux et frappants persistent dans cette nouvelle conception plastique. Quand l'artiste commence à embellir l'aérolithe céleste, il n'ose point d'abord en changer la figure; pour l'orner, il est réduit à l'agrandir et à l'enrichir. D'une part, il en fait un colosse; il essaye de le rendre imposant par la dimension. D'autre part, il lui donne une garde-robe complète, une tunique, un manteau, des voiles, des couronnes, des chaînes de cou, des boucles d'oreilles. Le simulacre est frisé, frotté, ciré. Ainsi, tandis que la statuaire humaine ou héroïque se développe librement, avec l'athlète nu pour modèle, dans le sens d'une imitation chaque jour plus exacte du corps humain, la statuaire divine dévie légèrement sous la pression d'un autre courant, qui la mène à la recherche de la grandeur et de la magnificence, de l'éclat et de la richesse. Ce caractère est parfaitement saisissable au temps même de Phidias. Un des faits les plus curieux de cette époque, c'est la rareté déjà signalée des simulacres divins de marbre. Il y en a en bois, en ivoire et or, en bronze coloré; en pierre, peu ou point. Ainsi, en devenant statue, l'idole reste un ouvrage d'orfévrerie; elle n'est pas précieuse seulement par sa matière, elle l'est par le fini du travail; si colossale qu'elle soit, c'est un joyau, c'est une pièce importante du trésor national. On verra que ce caractère n'a pas été sans influence sur la destination et les formes du temple.

III

L'ÉDIFICE

Des simples données qui précèdent, il est aisé de dégager par déduction les dispositions essentielles de l'édifice sacré. Premièrement, le temple n'est pas un lieu d'assemblée ; c'est une enveloppe pour le simulacre divin. Le caractère démonstratif du culte se refuse à ce que les adorateurs se réunissent dans une salle limitée et fermée ; les grandes dimensions de l'idole ne s'y prêtent point. Quelle enceinte immense n'aurait-il pas fallu pour la mettre en perspective aux yeux des nombreux fidèles circulant à l'intérieur ! Rien ne donne une idée plus fausse du temple grec que l'église moderne, avec ses vastes espaces enclos et couverts, et son crucifix de grandeur moyenne au-dessus duquel le plein cintre du vaisseau s'élance d'un pilier à l'autre à une prodigieuse hauteur. L'édifice sacré en Grèce n'est essentiellement qu'une boîte, un reliquaire pour la relique céleste[1]; ses dimensions sont celles qui s'accommodent à ces fonctions définies; elles ont juste, ou dépassent de très peu les dimensions d'un étui pour l'idole. Dans les plus anciens temples, dans beaucoup d'autres plus récents, la partie close, la *cella*, est d'une petitesse extraordinaire. Celle du mont Ocha, celle de la Victoire Aptère à Athènes, celle du petit temple de Rhamnus ont ce caractère. Un édifice aussi célèbre que l'Érechthéion mesure à peu près 10 mètres sur 19. Encore ces 19 mètres sont-ils, à l'intérieur, divisés par des murs en trois appartements. Au Parthénon[2], le naos

---

[1]. Il y a des inscriptions où le temple est appelé : l'*Édifice dans lequel se trouve tel ou tel simulacre*; ainsi l'*Érechthéion* est désigné par l'expression : le temple dans lequel est la vieille statue.
[2]. Voir planche page 233.

intérieur a environ 30 mètres sur 19; mais, comme on le verra tout à l'heure, cet espace ne sert à rien moins qu'à contenir le peuple assemblé. Ce qui est plus significatif encore que la petitesse de l'espace enclos et couvert, c'est la hauteur relative du temple et de l'idole. Non seulement ce n'est pas la proportion de l'Église moderne à l'autel placé dans le chœur, mais c'est exactement la proportion d'une niche à sa statue. La statue, en effet, a 45 pieds de haut, sans sa lance, et le toit du naos n'en a guère que 55. Un rapport analogue était observé à Olympie : Phidias avait fait son Jupiter si grand que « s'il se levait, dit Strabon, il enfoncerait le toit ». Strabon, formé par les habitudes romaines, ajoutait (et nous serions tentés de répéter ce jugement à l'adresse plus spéciale de l'architecte), que l'artiste avait manqué du sentiment de la vraie mesure. Au contraire, si la vraie mesure d'un édifice est celle qui sert le mieux sa destination, les proportions préférées par les constructeurs athéniens sont les seules justes. Les critiques de Strabon, et celles que bien des modernes ne taisent que par superstition classique, sont fondées sur une méprise; elles viennent de ce que nous voulons absolument voir dans le temple grec une église, c'est-à-dire un lieu d'assemblée, et non une simple enveloppe destinée à l'idole; elles prouvent une fois de plus combien il est difficile de s'affranchir des habitudes des sens et de l'esprit pour entrer franchement dans les conceptions maîtresses d'une autre époque.

Plusieurs des arrangements extérieurs confirment cette interprétation. Par exemple, on trouve à Pœstum un autel placé à quelque distance en avant du temple; une peinture de Pompéï reproduit cette disposition. On y voit de plus le peuple rangé des deux côtés de l'autel, de sorte que le sacrifice paraît se faire en dehors de la cella. Un trait non moins caractérisque est que, dans les temples de la grande époque, et notamment dans le Parthénon, l'entre-colonnement du milieu, qui correspond à la porte, n'est pas plus large que les autres. L'idée que cet intervalle faisait fonction de passage paraît donc être restée bien vague et bien secondaire, et pour qu'une telle négligence s'explique, il faut supposer que ce passage ne servait qu'exceptionnellement. La distance entre la colonnade et le mur de la cella est, de même, trop restreinte pour se prêter commodément au défilé d'une procession, et il y a lieu de croire que cette procession se faisait tout à fait à l'extérieur. Enfin, la dimension même des degrés du soubassement, qui ont 0^m,52 de hauteur[1], semble peu favorable à un accès et à une circulation faciles. A la vérité, ces degrés se doublent dans le même espace en regard de la porte, et, par là, se proportionnent au pas d'un homme ordinaire. Mais la pauvre figure que fait cet étroit escalier montre combien l'artiste a été peu soucieux de ménager à la foule un abord aisé. A sa dimension seule, on juge qu'il est fait pour le desservant et pour le bedeau, nullement pour le peuple, qui, sans doute, restait à l'extérieur. Ce n'est pas le large perron d'une église, ce sont les degrés d'une porte de sacristie.

---

[1]. D'après Penrose, le plus élevé des trois aurait même 0^m,55. Ceux du Jupiter Olympien, à Agrigente, mesurent environ 3/4 de mètre.

Sans doute, le temple n'en est point resté à cette destination si restreinte ; les Romains l'ont approprié à d'autres services ; ils ont augmenté l'écart de l'entre-colonnement du milieu ; ils ont étendu les petites marches à toute la façade ; ils ont fait de l'intérieur un endroit spacieux et digne d'une assemblée, en reculant jusqu'à la colonnade le mur de la cella. La plupart de leurs édifices affectent cette forme, qui a reçu le nom de pseudo-périptère. En Sicile, dès le vi[e] siècle, plus tard, en Asie Mineure, on semble avoir une prédilection pour la forme pseudo-diptère, qui offre au public un promenoir large et abrité entre sa colonnade et le mur cellaire. Des degrés bas occupent tout le pourtour de plusieurs temples siciliens. Le mot *pseudo* indique d'ailleurs que dans les deux cas, on s'est écarté du type primitif. Au fond, le temple grec n'a jamais été destiné à la foule. Les chrétiens en avaient le sentiment lorsqu'ayant besoin d'un lieu clos et couvert pour leur culte, ils ont demandé leur modèle non au temple mais à la basilique. Il a fallu le singulier mélange d'ignorance et d'enthousiasme, de pédanterie et d'inintelligence historiques qui a caractérisé la période révolutionnaire et impériale pour qu'une *Église*, c'est-à-dire un lieu d'assemblée (Ecclesia) comme la Madeleine, ait pu être considéré comme un exemplaire agrandi et orné du type monumental dont le Parthénon est resté le sobre et parfait modèle.

Le temple grec n'est pas seulement un *étui* pour l'idole, c'est un *trésor*, un *musée*. Sous sa première forme, en effet, le simulacre n'est pas une statue, c'est un *agalma*, un meuble de prix, un talisman doué d'une vertu magique. Rien de plus naturel que de serrer avec lui, dans le même écrin de pierre, les autres pièces du trésor national. Aussi voit-on, non sans quelque scandale pour les préjugés religieux de notre temps, la cella se diviser en deux, et la partie postérieure, l'*opisthodome*, devenir la caisse des deniers publics. Le *naos* lui-même, c'est-à-dire le sanctuaire, est, jusqu'à un certain degré, une des chambres du trésor : c'est la chambre des métaux travaillés, comme l'opisthodome est celle des métaux monnayés. Les ornements d'or de l'idole peuvent être détachés, et Périclès les compte, du ton le plus naturel, parmi les ressources disponibles de la république. La grande Minerve de Phidias est, le cas échéant, un arbre à lingots. En outre, dans ce même naos, on voit s'accumuler les objets précieux, absolument comme dans une sacristie s'accumulent le mobilier religieux et les ornements sacrés, lampes, chandeliers, calices, cassolettes.... Si l'on en croit le compte des Hellenotames, il y avait dans le Parthénon des vases d'or et d'argent, des fioles, une couronne d'or, des boucliers, des casques, des cimeterres dorés, un masque d'argent doré, des griffons, des serpents d'or, des têtes de lion, une jeune fille sur une colonne, neuf pliants, une table d'ivoire, des lyres de toute espèce, huit lits de Chio, dix lits de Milet, des carquois en ivoire, etc... De même, dans l'Érechthéion, des tableaux tapissaient le pronaos; la cella contenait un pliant, œuvre de Dédale, une cuirasse de Masistius, chef de la cavalerie à Platée, le cimeterre de Mardonius... Le temple de Delphes était littéralement encombré d'offrandes et de reliques. Tant il est vrai que ces édifices n'étaient point faits pour recevoir le peuple des fidèles. On ne croyait point manquer de respect à la Déesse citoyenne en mettant près d'elle les objets de luxe, les œuvres d'art votives qui rappelaient la gloire et prouvaient le prestige d'Athènes. Le temple n'est donc pas une enveloppe pour la seule idole ; c'est un musée *d'agalmata* et *d'anathemata*, c'est un trésor. Pour tout dire d'un mot frappant par sa familiarité même, c'est un *garde-meuble !*

Le temple a enfin un troisième et dernier caractère, c'est un *ostensoir*. J'emploie à dessein ce mot, parce que ce n'est pas aux fidèles placés à l'intérieur, mais à la foule qui circule à l'extérieur, qu'il s'agit de montrer l'idole. Il est comme l'armature où est enchâssé et serti ce colossal joyau d'ivoire et d'or. Je ne puis mieux traduire dans la langue des habitudes modernes ce rôle spécial de l'édifice sacré, dans les cérémonies du culte grec, qu'en le comparant à une exposition du Saint-Sacrement. Ce que l'on contemple, sur l'autel catholique, dans de très petites dimensions, représente ce que le Parthénon tout entier était pour l'Athénien cheminant dans l'Acropole, ou circulant dans l'enceinte sacrée du temple. En effet, à l'intérieur, à l'extérieur, tout est disposé, premièrement, pour la mise en perspective de l'idole, secondement pour la mise en scène générale. Il faut d'abord que l'on découvre la statue de la façon la plus favorable à l'effet; il faut en outre qu'on trouve, sur le passage de l'œil ou aux alentours, nombre de traits habilement ménagés d'où sortent des impressions auxiliaires ou préparatoires.

Premièrement le temple est *hypœthre*, c'est-à-dire qu'une ouverture, pratiquée dans le comble, donne accès au jour. A la vérité, on ne trouve dans le Parthénon aucun indice bien net de cette disposition; mais les détails de la construction contiennent de fortes présomptions contre la disposition contraire. Les cours des temples égyptiens, les *impluvia* des maisons romaines, l'œil du Panthéon à Rome fournissent des analogies à l'appui du témoignage un peu obscur porté par Vitruve. D'ailleurs en l'absence même des preuves de faits et des preuves de texte, la forme et l'aspect de l'idole suffiraient pour lever tous les doutes; la beauté de la matière et le fini du travail, dans la Minerve Chryséléphantine, semblent appeler la lumière. Au temps de la grossière idole de bois tombée du ciel, il était superflu d'éclairer le temple. La divinité gagnait à n'être point vue sous cette apparence; elle gardait mieux ainsi le prestige qui s'attache aux talismans, aux objets doués d'une vertu magique. Aussi plusieurs des anciens temples étaient-ils entièrement clos; une lumière artificielle les éclairait à l'intérieur; et il est si vrai que le principe de l'arrangement hypœthral est la forme nouvelle et spécieuse revêtue par l'idole, que la cella de Minerve Poliade, qui a été bâtie dans le même temps que le Parthénon, mais dont la statue était une vieille poupée de bois tombée du ciel, n'avait aucune autre ouverture que la porte, si bien qu'elle eût été obscure, sans une lampe qui brûlait au-dessous d'un tuyau en forme de palmier. Un simulacre d'or et d'ivoire exigeait nécessairement, soit une large baie portale dans les sanctuaires sans profondeur, soit une tranchée dans le comble, si le temple était grand et la statue reculée vers le mur de fond. Le riche mobilier qui encombrait les intérieurs, les tableaux et les peintures murales n'étaient pas davantage destinés à rester dans les ténèbres. Le champ est ouvert aux conjectures sur le système d'éclairage hypœthral adopté par Ictinus ; on peut se prononcer soit pour une découpure à ciel ouvert dans le toit, soit pour un *clerestory*, c'est-à-dire pour un petit comble distinct du grand et soutenu par des claires-voies verticales. Mais il n'est pas douteux que le jour ne fût admis dans le temple par des ouvertures supérieures. Excepté le matin, le lac de lumière de la porte devait s'arrêter bien en deçà de la grande Pallas; elle eût été dans l'ombre, si l'on n'eût obvié par quelque moyen à cet ensevelissement d'une beauté faite pour le plaisir des yeux. La clarté devait donc tomber de haut, comme dans un Musée. Quand la porte s'ouvrait, quand le *peplus* ou le *parapetasma*, tendu comme un rideau, se levait ou s'abaissait, la procession des adorateurs apercevait l'immense statue dans une sorte de gloire lumineuse et comme inondée par des flots de lumière hypœthrale ; les reliefs prenaient un modelé puissant, les pierreries de l'œil étincelaient dans les ombres blondes de l'orbite ; l'or resplendissait, l'ivoire semblait s'amollir ; une vie chaude et pourtant idéale animait le simulacre ; c'était le charme mêlé du magnifique, du prestigieux et de l'exquis.

Une double colonnade intérieure partageait la cella en trois nefs ; la nef du milieu était de très peu plus large que le piédestal[1] ; ainsi elle semblait surtout destinée à diriger le regard et à faire paraître la statue dans une profondeur. Un tube de stéréoscope, telle est l'analogie qui représente le mieux la fonction de cette prétendue nef. Aussi la colonnade elle-même était-elle disposée en vue d'un effet de perspective. Elle était, comme nous l'avons dit, double en hauteur, ce qui semble d'abord inexplicable, puisqu'il n'y avait apparemment aucune galerie au niveau du second étage de colonnes. Cet arrangement, qu'on retrouve à Pœstum et à Egine, n'avait point été imaginé

---

1. 0,85 de chaque côté.

pour le service intérieur du temple, mais en vue d'une sorte d'illusion moitié spirituelle, moitié optique. Avec un sentiment fin des contrastes de voisinage, l'artiste avait compris que la statue paraîtrait plus grande, s'il la rapprochait et l'affrontait en quelque sorte avec une

Coupe du Parthénon dans le sens de la longueur.

construction moins haute, quoiqu'à deux étages. Il y a en effet des impressions qui naissent d'une réaction de l'esprit sur les sens, et telle erreur de la vue tient souvent à quelque idée qui s'est d'abord saisie de l'intelligence et qui dénature par un travail caché l'effet des rapports sensibles. Ici l'idée d'un élancement à deux reprises, heurtée à l'idée d'un élancement en un seul jet, engendrait, au profit de la statue, l'impression fictive d'une hauteur plus grande. Cette majesté accrue par l'illusion optique, l'était encore, et cette fois d'une manière simple et discrète, par l'assiette même du simulacre. Le piédestal en effet posait sur le soubassement général du temple, dont le plan supérieur était, même sans tenir compte des inégalités du terrain, au niveau de la tête d'un homme ordinaire cheminant au dehors; le fidèle pouvait donc, fût-il assez éloigné, découvrir la Pallas Parthénos dans toute sa hauteur, par l'ouverture de la porte. Ainsi toutes les dispositions étaient prises pour mettre la statue en lumière et en perspective. C'était bien là une exposition du Saint-Sacrement, mais conçue dans de grandes proportions et rehaussée par tous les artifices que peuvent suggérer un œil fin et un esprit subtil.

Voilà l'idole *au point* et dans son cadre. Il reste une dernière tâche à remplir : c'est de *l'annoncer*. Avant le livre, la préface; il convient de préparer l'effet par une série de sensations graduées, et de le compléter par un ensemble d'impressions harmonieuses. Pallas est une déesse olympienne; c'est aussi le génie du lieu, la déesse citoyenne, accessible et souriante; la gradation et l'harmonie consisteront à rechercher une grandeur sans exagération, une magnificence sans emphase et une majesté sans mystère, vraiment dignes de la divinité puissante et familière qui habite le temple. Ce but a été atteint par un arrangement aussi simple qu'efficace : le dégagement de la colonnade périptère. Ici paraissent le penchant et l'aptitude du Grec à séparer nettement dans la forme tout ce qui est distinct par le fond, et à créer un organe nouveau pour chaque nouvelle fonction. Dans les petits et probablement dans les anciens temples, le mur du sanctuaire devait s'offrir directement et au premier plan aux regards des fidèles. Une mince cloison était le seul obstacle interposé entre la divinité et les hommes. Cette disposition pouvait convenir pour de simples chapelles destinées à servir d'abri à une idole encore informe. Elle ne répondait pas à la majesté d'un temple ni à la pompe d'un culte national. L'artiste dédouble cette enceinte; après l'avoir divisée, il en écarte sensiblement les deux parties, comme on sépare dans un arbre l'écorce du noyau. De son reliquaire simple, il fait un reliquaire à deux enveloppes. La plus intérieure abritera, pour ne le découvrir qu'à de certaines heures, le simulacre divin [1]. L'autre le précédera, et l'accompagnera de son magnifique et solennel cortège. Avec son unique élément toujours répété, sa puissante assiette, ses beaux jeux de lumière multipliés par les cannelures, sa vaste circulation d'air autour des fûts, et l'insensible évolution de ses ombres, la colonnade périptère ressemble à une lente et superbe procession arrêtée dans son cours, ou marchant avec le soleil. Disposée en claire-voie, elle laisse apercevoir le mur cellaire; elle se double sur le devant et à la partie postérieure du temple, mais sans masquer la porte qui s'ouvre en regard de la statue. Ainsi elle ne fait que ceindre l'édifice de majesté et d'éclat, sans rien ajouter à l'idée d'une clôture ou d'un voile, et même en reportant cette idée au second plan

---

1. Voir le plan du Parthénon, page 233.

avec la paroi pleine du sanctuaire. Il y a je ne sais quoi de magnifique et de familier tout ensemble, de royal et pourtant d'accessible, dans cette disposition qui permet à l'air et au regard de jouer librement entre ces admirables corps de colonne; ce n'est pas une garde, c'est un cortège d'honneur. La colonnade n'écarte point la procession des hommes, elle leur donne le ton et l'allure. Dans cet arrangement si favorable à la dignité et à la splendeur de l'édifice, l'artiste a trouvé moyen de ne pas ajouter un accent au cérémonial et à l'étiquette, à l'inquiétude et à l'impression de mystère. Qu'on est loin des sept enceintes à murs pleins des pagodes hindoues, et de leurs portes décroissantes de hauteur jusqu'au sanctuaire écrasé où s'accroupit le dieu terrible! Ici la déesse ne se dérobe point, elle se montre; et les grandes colonnes, vêtues de lumière, immobilisées dans leur marche et leur effort vivant, semblent n'être que le premier rang de la théorie sacrée qui se déroule familièrement autour du Génie national.

L'ensemble de ces considérations détermine

nettement la nature et les analogies d'un édifice comme le Parthénon. Le véritable temple, c'est-à-dire ce qui répond à l'église moderne, c'est le *temenos*, le *péribole*, c'est-à-dire l'enclos sacré qui s'étend à ciel ouvert autour d'une ou de plusieurs chapelles, ou qui enveloppe d'un bois d'arbres odorants (Pausanias) la construction solide ; cette construction répondrait plutôt à l'autel qui s'élève dans le chœur. Elle représentait une niche pour l'idole, un étui, un reliquaire visible à travers sa seconde enveloppe découpée à jour. Cela est si vrai que plusieurs périboles n'ont que des statues en plein air ; on s'est dispensé de faire à ces simulacres une guérite sacrée. Au lieu de se représenter la foule se pressant dans l'intérieur encombré du Parthénon, il faut la concevoir circulant à l'extérieur, et parfois s'asseyant sur les degrés du soubassement comme sur les gradins d'un théâtre, pour contempler la procession qui cheminait au dehors. C'était le visiteur, le curieux, le dévot qui entraient dans la cella sous la conduite de l'*exégète*. Y introduire la foule, c'eût été la même chose que donner libre accès au public dans les caves de la banque de France. Un étui, un musée, un ostensoir, voilà les trois idées que l'architecte grec a fondues en une seule et admirable conception d'art, et toutes les dispositions d'ensemble en portent l'empreinte. De là part le trait de lumière qui les éclaire dans leur sens le plus intime. Dénaturé par les Romains, masqué par les anachronismes et les contre-sens de Vitruve, effacé jusqu'au dernier trait par l'archéologie superficielle des grands architectes de la Renaissance, le temple grec, étudié à nouveau dans ses exemplaires authentiques, nous livre, avec le secret de son plan, le principe de sa beauté et de son harmonie générales. A quel degré de servilité classique l'homme peut descendre, c'est ce que prouvent tant de louanges décernées de tout temps à un édifice dont on ignorait le véritable caractère, et qu'on traitait comme le type accompli du lieu d'assemblée religieuse, ce qu'il n'est point et ne saurait être, tandis qu'on dédaignait avec une égale inintelligence la cathédrale gothique, qui répond si parfaitement à cette seconde destination.

Il semble que nous ayons épuisé l'analyse du temple grec, puisqu'il ne nous reste à parler que de la couverture et du couronnement. La vérité est qu'il n'a été rien dit encore d'une des moitiés et non la moins remarquable de l'édifice. Subordonné et simplement secondaire à l'origine, l'entablement a pris graduellement, par la nature même de la conception religieuse, une valeur propre et une importance dominante. La disposition du temple en forme de reliquaire à double enveloppe entraînait une conséquence manifeste. La colonnade est en avant de la cella ; c'est sur les chapiteaux des colonnes que doivent reposer les parties hautes de la construction et les appuis du comble. Une portion considérable du monument se trouve ainsi portée en avant, exposée et proposée à l'attention du public. Dans les traditions les plus anciennes de l'architecture dorique, cette portion n'avait pas le caractère d'un simple complément ou d'une terminaison; elle formait parfois jusqu'à 3 septièmes de la hauteur totale (temple de Neptune à Pœstum), et elle écrasait par sa masse énorme et par le développement de ses surfaces une claire-voie de colonnes courtes et trapues. Dans sa nudité archaïque, l'entablement dorique semblait déjà, par une sorte de pressentiment, s'agrandir pour faire place à la décoration sublime qu'un art consommé allait y appliquer.

Le caractère le plus essentiel de la conception religieuse est encore ici l'inspirateur et le guide. La divinité est la patrie elle-même divinisée. Le temple n'est donc pas moins un édifice politique et municipal qu'un édifice religieux. Il n'est pas seulement le trésor, le garde-meuble. Dans une certaine mesure et par certains de ses usages, il représente *l'hôtel de ville* d'une cité libre. C'est dans le temple qu'on inscrit les traités avec les peuples étrangers; ainsi fit-on à Olympie pour un traité entre les Étoliens et les Romains; l'édifice sacré tenait lieu d'un cabinet d'archives. C'est là qu'on loge les princes et les personnages considérables qui sont de passage dans les villes, comme on les logerait dans la préfecture de chaque département. Plutarque nous apprend qu'Agésilas, pendant ses voyages, habitait dans les temples, et les

Athéniens donnèrent à Démétrius l'opisthodome du Parthénon pour y vivre avec ses courtisanes. Sur le voile de la déesse, ou sur le rideau tendu devant l'idole, que brode-t-on? La gigantomachie, sans doute, et d'autres anciennes légendes en l'honneur de Minerve; mais aussi la figure et le nom des hommes qui ont bien mérité de la patrie. « Dignes du *peplus* » est l'épithète qu'on applique, dès le temps d'Aristophane, aux grands citoyens d'Athènes. On voit à quel point la signification et la destination politiques de l'édifice sont prépondérantes. Évidemment, l'architecte qui le construit, le sculpteur qui le décore puisent bien plutôt leurs inspirations dans le patriotisme que dans un sentiment purement religieux. Ce qui occupe leur pensée, ce qui anime leur main, c'est l'enthousiasme national et municipal, ce sont les souvenirs de la gloire commune. Le dévot, à Athènes, ne fait qu'un avec le citoyen fier et convaincu.

De là est sortie la forte conception qui a donné son caractère à l'entablement du temple grec. Toujours porté à diviser, pour l'œil, ce qui est naturellement distinct pour l'esprit, et habile à faire la part de chaque idée, l'artiste sépare en deux son édifice. En bas, dans la cella, il avait laissé une forme religieuse à la pensée politique; il avait incarné la cité dans une image unique où dominante qui réveillait des idées d'adoration, de sacrifice et de prière. La frise de la cella avait le même caractère; elle représentait la principale cérémonie du culte. En haut, sur l'entablement, le voile religieux glisse et tombe, la pensée politique se dégage; elle apparaît dans l'activité puissante, dans la liberté de la forme héroïque. Toute la féodalité des gloires nationales sort de l'ombre que répandait autour d'elle la royauté divine siégeant dans le sanctuaire; elle grandit près de la déesse dans la légende du fronton; elle remplit de ses exploits les intervalles des triglyphes. L'idée de Minerve plane encore sur l'entablement; mais son image n'y est plus isolée; les grands ancêtres ont rang auprès d'elle; souvent même elle disparaît et fait place à une gloire toute humaine dans les épisodes des métopes. A partir de l'architrave, c'est donc un autre édifice qui s'élève; c'est le temple *héroïque* qui surplombe et couronne le temple *religieux*. Aussi la composition élémentaire des deux constructions est-elle symétrique. Le temple héroïque a son soubassement dans l'architrave, sa colonnade dans les triglyphes, ses simulacres sacrés et ses tableaux religieux dans les retraites du tympan et des métopes. Quelle différence avec la décoration froide, insignifiante, subordonnée des temples postérieurs! Là, c'est seulement l'excès de sève non absorbé par la fleur religieuse et mystique, qui vient s'épanouir sur l'entablement en agréments vides de pensée. Ici, au contraire, l'idée politique, encore enveloppée et comme en chrysalide au niveau de la cella, semble soulever et agiter ses ailes dans l'air des hauteurs. Le héros, tout à l'heure gêné par ses langes divins, montre tout d'un coup son corps et son visage, réels et vivants, hors de la draperie sacrée. C'est comme si, du sein de l'hymne traditionnel que l'enthousiasme concentre sur un personnage divin et unique, s'élançait, tout d'un coup, une libre et fière épopée, peuplée de toutes les gloires d'Athènes et les racontant dans une seule sensation à la foule qui entoure le temple. L'aède et le rhapsode triomphant du mystagogue, brisant le symbole, et s'érigeant en libres prêtres de la patrie délivrée de ses voiles mystiques, voilà la pensée profonde qui est écrite sur le fronton du temple grec, et qui en forme comme l'enseigne et le couronnement.

Jusqu'ici, nous avons observé dans l'étude des grandes parties de la construction l'ordre suivant lequel elles semblent s'être développées : nous avons examiné successivement la cella, la colonnade, le comble. Parvenus à l'entablement, nous voici ramenés en arrière ; l'idée du *Musée héroïque* qui a son siège sur les hauteurs, une fois dégagée, aspire à se subordonner tout le reste. Elle est comme une seconde âme du monument, aussi vivante et plastique que la première. Elle sert de point de départ à une création nouvelle, fortement logique, qui redessine et marque de son empreinte les organes façonnés d'abord sous d'autres influences. Devenue à son tour le centre moral de l'édifice, elle réagit sur les membres.

environnants et les met dans sa dépendance, dicte les formes et les accents que vont revêtir ces parties subordonnées et les fait concourir à son effet propre. Créer une aspiration vers l'entablement, siège principal de l'expression, voilà le but qui se pose souverainement et qui remodèle pour son service tout le dehors monumental.

Selon ce point de vue nouveau qui s'érige maintenant en règle suprême, la colonnade n'est plus conçue comme un accompagnement de l'édifice religieux, mais comme une dépendance du temple supérieur. Si l'artiste renonce à l'emploi du mur plein, s'il préfère cette claire-voie de cylindres espacés, ce n'est pas seulement pour ceindre la cella sans la cacher, c'est pour que l'œil se porte rapidement vers les hauteurs. Le mur, en effet, n'est pas seulement un organe de soutènement; c'est une clôture, un voile; il ne fait pas penser seulement aux choses qu'il supporte, mais à celles qu'il cache; et le regard erre sans direction arrêtée sur sa vaste surface, avec le désir vague de la traverser, de faire brèche, pour saisir les objets masqués par cette paroi opaque. La colonnade, au contraire, n'a qu'une seule fonction vraisemblable, celle de soutenir, et par cela même elle ne réveille qu'une seule idée, celle des parties soutenues; la spécialité de son rôle indique à l'esprit une direction que celui-ci imprime à son tour au regard, et que confirment les lignes verticales répétées des colonnes successives. Suffit-il de diriger la vue vers les hauteurs? L'artiste prétend l'y entraîner. On le voit écarter tous les obstacles, toutes les causes de retard ou d'arrêt qui se trouvent sur la route; il essaye de créer un courant vers l'entablement, par les formes de détail imprimées à la colonne. Première audace; il supprime la base[1]. D'une manière générale, il est nécessaire que la colonne ait une base. Quand elle sort sans empattement du sol, comme la colonne dorique, elle n'a pas l'air d'être posée, mais d'être plantée; son assiette n'est pas définie et assurée. S'appuie-t-elle sur un fond solide? ne s'enfoncera-t-elle pas? n'est-ce pas en s'enfon-

---

1. Voyez planche, page 195.

çant qu'elle a enfoui et fait disparaître le membre spécial qui accusait l'immuable stabilité de sa fondation? Telles sont les questions qui viennent à l'esprit et le troublent. Le Grec, maître dans l'art de subordonner les idées, a senti qu'un intérêt supérieur lui commandait de braver le malaise que de tels doutes amènent à leur suite. Cet intérêt, c'est que les transitions des formes inférieures aux formes supérieures soient ou annulées ou atténuées à l'extrême, de façon que l'attention ne s'y arrête pas et coure sans accroc jusqu'à l'endroit où il importe de la faire arriver. Si la colonne avait une base, le regard serait attiré par son profil; l'esprit s'attarderait à jouir de la fermeté de l'assiette. De plus, terminé aux deux bouts, ici par sa base et là par son chapiteau, le fût serait quelque chose de complet en soi, un véritable *édicule* sur lequel l'œil irait et viendrait d'une extrémité à l'autre, avant de pousser plus loin. Tout au contraire, le spectateur passe immédiatement du soubassement au fût, sans plus de difficulté que s'il passait du sol au tronc d'un arbre; rien ne l'arrête, rien non plus ne le ramène en arrière; car, ainsi privée de sa base, la colonne fait l'effet, non d'une préface qu'on peut être tenté de relire, mais d'une brusque et presque impétueuse entrée en matière, faite pour entraîner le lecteur au cœur du sujet et pour l'y laisser. Un accent positif s'ajoute à cet accent négatif pour en augmenter l'effet. Les cannelures tracées sur le fût sont comme des canaux multiples dans lesquels glisse le regard. Sur un fût uni, l'œil hésiterait peut-être, il serpenterait avec les veinures du marbre, il s'arrêterait aux joints des tambours. Les cannelures, par une accusation ferme et multiple de la direction verticale, limitent ces écarts, saisissent et canalisent en quelque sorte le courant de l'attention, et précipitent enfin la vue, comme sur des rails inflexibles, vers l'entablement.

On a vu qu'un art non moins parfait éclate dans la composition du chapiteau. Ici le Grec ne s'est pas décidé à supprimer la transition; il l'a seulement ménagée de façon que nulle part l'œil ne trouve une relâche et un lieu d'attente; la vitesse acquise qui le porte vers les parties hautes ne cesse pas un instant de le pousser en avant, quoique avec moins d'impétuosité; le mouvement se calme un peu sans s'interrompre. Dans le changement de direction qui amène de la colonne à l'architrave, le chapiteau ne marque pas un temps d'arrêt; c'est, pour ainsi dire, la courbe ou la montée insensible d'une route; le voyageur y marche moins vite sans cesser de tendre vers le terme qui l'attire. De même l'attention, d'abord énergiquement entraînée le long du fût, s'avance un peu ralentie à travers les formes graduées qui le couronnent, et dont il n'est pas une qui ne semble dire : le but est plus loin.

Le spectateur est ainsi parvenu, comme d'un seul jet, jusqu'au seuil du temple supérieur. Là, il rencontre dans l'architrave un premier lieu de repos et de recueillement que l'artiste ménage à l'attention, juste avant qu'elle s'engage dans les parties riches de sens. L'architrave n'est pas une transition, c'est une station; l'œil s'y arrête un instant, et nage à l'aise dans ce large blanc prolongé, sans qu'aucun ornement l'excite et le fatigue. Il y a là un instant de détente et de rafraîchissement, une permission de reprendre haleine : c'est le vide qui précède immédiatement le paragraphe continu et massif, lorsqu'on va à la ligne au début d'un nouvel ordre d'idées. De ce vestibule paisible où le regard a fait halte quelques secondes, il passe dispos et avide au grand musée héroïque qui s'ouvre immédiatement après.

C'est là que l'artiste a dressé son admirable diadème de légendes sculptées. Dans les intervalles des triglyphes il a trouvé la place des épisodes guerriers, dans le fronton celle des grandes origines nationales. Le fin discernement du Grec se montre dans le choix du genre de sculpture. Tandis qu'il a employé le très bas relief pour la frise du mur de la cella, il emploie la ronde bosse et presque la statuaire détachée pour la frise du temple supérieur et extérieur. On a cherché des raisons d'optique à cette différence. Un éminent critique[1], dans une page ingénieuse, a montré que le haut relief appelle la clarté et le bas-relief l'ombre;

---

1. M. Charles Blanc.

ainsi s'explique, d'après lui, que Phidias ait préféré une sculpture plate pour la frise cellaire reculée sous le portique et une sculpture saillante pour la frise haute qui se trouve portée en avant et inondée de lumière. Tout en reconnaissant la justesse du principe, on ne peut s'empêcher de penser qu'il y a nombre de cas où les Grecs n'en ont pas tenu compte : c'est ainsi qu'au temple de Thésée la frise *cellaire* est en haut relief, tandis qu'au monument de Lysicrate la frise extérieure est d'un relief modéré. A Phigalie, la frise court à l'intérieur du temple, et n'est éclairée que de haut par la lumière hypœthrale; néanmoins elle est en très haut relief. Voilà bien des contradictions. D'autre part, si l'on se rappelle que cette dernière frise et celle du temple de Thésée représentent des combats, on verra poindre la raison essentielle qui a dirigé l'artiste. Cette raison se rattache au caractère général des deux parties qui composent le Parthénon et aussi à la nature des sujets.

Au dehors et au faîte, l'idée religieuse ne paraît pas sous sa forme abstraite; elle a pris corps, elle a fait son entrée dans le monde et dans l'histoire. En figurant les origines de la

Métopes.

cité, les glorieuses luttes des ancêtres sous la protection des dieux, elle s'avance presque sur le même plan que les batailles de Salamine et de Mycale ; elle s'engage dans la réalité. Ces innombrables épisodes guerriers que la sculpture emprunte au débit passionné du rhapsode homérique, comment les imaginer tracés à la pointe sur un fond lisse? Il y faut la saillie, l'épaisseur, les riches mouvements de la vie. Cette légende triomphante ne peut s'aplatir, s'effacer comme une ombre qui rentre dans le marbre. Elle en ressort, elle s'en détache fièrement. Ce n'est pas à de tels sujets, regorgeant de vie et d'action, que peut convenir la pâleur, la minceur spectrale du bas-relief. C'est sur le fond rouge des métopes et du fronton, comme dans un air enflammé; c'est avec une saillie puissante et poignante, sous un coloris relevé par d'étincelants placages métalliques que s'offriront aux yeux la rivalité de Neptune et de Minerve, les combats des Lapithes et des Centaures, des Athéniens et des Amazones.

Dans la frise de la cella, l'artiste avait affaire à un édifice d'un sens plus intime; il traitait un sujet d'une allure plus calme, la cérémonie des Panathénées. Voilà pourquoi il a employé le bas-relief. La procession ressort à peine sur un champ bleu tendre, et c'est par une entaille à angle droit que se détachent les contours. Ici, en effet, une simple silhouette convient et suffit; elle ne rend pas les ardeurs de la vie; mais ces ardeurs sont absentes dans un tel sujet, elles troubleraient la calme majesté du sanctuaire; la silhouette rend l'élégance des contours, la grâce des profils, la suite continue, la belle ordonnance, tout ce qui fait le caractère et le charme discret de la procession religieuse. Il était impossible d'approprier les formes au fond avec un art plus sensé et plus délicat.

Les sculptures de la frise extérieure sont la partie essentielle du haut temple : tout doit concourir à les mettre en valeur; aussi est-ce le désir de rendre leur effet plus frappant qui a déterminé la décoration des parties qui les entourent. Les plats du bout des poutres qui leur servent de cadre offraient à l'œil des surfaces unies. Les veines de la pierre, les maculatures du temps auraient bien vite figuré une sorte de vague dessin qui aurait détourné ou partagé l'attention appelée vers la métope. L'artiste a prévenu ce danger en creusant sur ces extrémités lisses des rainures profondes, dont la rigidité géométrique et la direction verticale forment un contraste frappant avec les contours ondoyants et obliques des reliefs avoisinants. De plus, il a abattu les angles du triglyphe, de manière à découvrir le fond de la métope, même pour les spectateurs placés de côté. Ainsi le triglyphe devient proprement le montant d'un cadre; il sépare avec netteté les scènes et les épisodes; il découvre, par son ouverture taillée en biseau, il fait ressortir, par sa mouluration rectiligne, les figures souples et animées sur lesquelles il convient de fixer l'attention.

On voit combien nous sommes loin de la théorie par laquelle certains historiens et certains critiques justifiaient naguère encore leur admiration pour le temple grec. On trouvait ingénieux de dire que l'architecte avait reproduit en pierre toutes les dispositions de la construction en charpente, et on lui savait gré de cette imitation fidèle. Que d'objections à cette façon d'interpréter de si grandes œuvres! D'abord, quoique le type xylique soit évidemment le type originel, il y a un grand nombre de parties de l'édifice où l'artiste s'en est affranchi. La forme ronde de la colonne, la forme évasée du chapiteau, n'ont rien de commun avec le pilier et la sous-poutre de décharge de la construction en bois. Les triglyphes, s'ils représentaient le bout des poutres, auraient un équarrissage beaucoup trop fort pour leur portée, qui s'étend seulement de la colonnade au mur cellaire. De plus, il se trouve que le plafond qu'ils devraient constituer par hypothèse n'est pas à leur niveau, au moins dans le Parthénon ; il est situé à la hauteur de la corniche. Des mutules, qui devaient figurer les bouts des *forces*, se trouvent non seulement sur les côtés du temple, mais aussi sous les rampants du fronton, où il n'y a point de *forces*. Il est contestable que les Grecs se soient appliqués à conserver les formes de la construction en bois ; s'ils l'avaient fait, il n'y aurait pas lieu de les en louer. Une telle imitation n'est en effet qu'une transposition arbitraire et sans intérêt ; elle méconnaît les conditions propres à chaque nature de matériaux, et il est douteux que l'expression idéale gagne à ce jeu puéril. A nos yeux, le type xylique n'a été pour les Grecs qu'une gêne, le reste pesant et traînant d'une tradition, et leur mérite a été de s'en dégager dans une large mesure. Chose étrange ! Dans cet entablement où l'on se plaît à voir la reproduction servile d'un *comble*, je crois apercevoir une préoccupation toute contraire : celle d'atténuer l'idée de comble, de couverture ou de toiture, qui ferait du temple supérieur une partie trop subordonnée. L'artifice de l'artiste est subtil. Il donne à l'entablement la même composition élémentaire qu'à la colonnade qui le supporte ; ainsi l'œil repasse par les impressions qu'il a déjà traversées ; ce ne sont pas des formes terminales qu'il rencontre, c'est un autre édifice qui commence et s'achève. L'architrave, par exemple, représente le soubassement, et comme il convient à un soubassement, elle n'a pas d'ornements dans le sens vertical ; dans l'ordre dorique, elle étend nettement sa longue plinthe et accuse fortement l'assiette de l'édifice. En suivant le courant horizontal qu'elle lui imprime, le regard rapporte à l'esprit l'idée vague d'une plate-forme bien préparée, bien nivelée, sur laquelle va se poser et s'élever une construction nouvelle. Les colonnes de cet édifice sont les triglyphes, et en effet leur équarrissage, très supérieur à ce que réclame la portée des poutres originelles, les rend moins semblables à des bouts de solives qu'à de petits piliers. Comme les colonnes du bas, celles-ci ont leurs cannelures verticales ; les deux demi-rainures qui les écornent latéralement rappellent vaguement les cannelures qu'on voit s'amincir graduellement dans le tournant de la colonne inférieure. Quant à la corniche, Vitruve, si porté aux contre-sens lorsqu'il apprécie l'architecture grecque, laisse pourtant échapper un mot caractéristique, il l'appelle le « chapiteau du triglyphe ». Et en effet, le larmier est comme un énorme tailloir. Sans doute, dans tout ce travail, l'artiste entend ne produire qu'une impression vague, atténuée, inconsciente ; il ne cherche donc pas à copier servilement ; les profils sont différents, les dimensions sont très inégales et le rapport des parties composantes n'est pas le même ; le triglyphe a des rainures en biseau au lieu de cannelures circulaires; les courbes composées de la corniche, la grosseur du larmier, s'opposent au profil simple de l'échinus, à l'épaisseur modérée de l'abaque. Il n'y a pas de similitude, mais une simple et discrète correspondance, qui suffit pour reculer et brouiller un peu l'idée déprimante de toit et de couverture, et pour donner aux parties hautes l'aspect d'une construction indépendante conçue d'ensemble et pour elle-même.

Voilà donc le plan tracé, la distribution faite, les grands partis déterminés, les formes particulières définies jusqu'à l'extrême détail. Les mêmes considérations décident non moins impérieusement du choix de l'emplacement et du style de la décoration. Aujourd'hui, si l'on avait à choisir un terrain pour la construction d'une église, on le prendrait de niveau avec la ville, au milieu des maisons, sur le côté d'une large rue; on ferait en sorte que les abords en fussent faciles; car l'église moderne est un lieu de prière, et il faut que les fidèles puissent y accéder commodément. En Grèce, le temple n'est pas fait pour recevoir le peuple des adorateurs en esprit et en vérité, ni pour envelopper chaque jour de silence et d'ombre les dévotions particulières. L'homme privé fait chez lui ses invocations et ses sacrifices. Quand il approche du temple, c'est presque toujours en corps de nation, dans les processions publiques. Le Parthénon est, pour ainsi dire, un édifice *férié*. Sa destination essentielle est de servir de centre aux fêtes solennelles de la nation ; il fait partie de leur mise en scène. En même temps, c'est un trésor, il contient les deniers publics ; il renfermera le Palladium ; il est encombré d'offrandes, d'œuvres d'art, d'objets de prix. A tous ces titres, on pourra sans inconvénient le placer à une certaine distance de la ville habitée ; on devra le mettre à l'abri d'un coup de main. L'Acropole, avec sa hauteur inexpugnable, ses enceintes, son escalier d'une largeur processionnelle, sera un emplacement sûr et admirablement approprié.

La nature du sentiment religieux est d'accord en ce point avec les nécessités pratiques et le caractère des cérémonies. Aujourd'hui, si l'on avait à construire une église, on serait peut-être tenté de la placer dans un fond de vallée, parmi des arbres, le pied caché par les habitations des hommes; elle recevrait de toutes ces dispositions cette sorte de charme intime et doux qui traduit pour les sens l'attitude maternelle de la divinité. Telle la voudrait le sentiment mystique. Tels, même dans l'antiquité, étaient certains *heroa*, c'est-à-dire des temples consacrés par une dévotion plus spéciale et même domestique. Mais c'est à un autre sentiment qu'il appartenait de fixer l'emplacement de l'édifice national. Ici, l'humilité du fidèle est remplacée par la fierté du citoyen. Familier dans son culte, l'Athénien ne voisine pas cependant avec la grande divinité nationale. Il s'attache surtout à en faire le symbole et l'enseigne de la patrie glorifiée. Le même orgueil municipal qui faisait élever les tours des cathédrales gothiques, pour qu'elles pussent être distinguées de loin par le voyageur, réclamera, pour le temple grec, un lieu dominant et exposé aux regards. Il faudra que de tous côtés le citoyen d'Athènes le voie en levant les yeux; il faudra que l'habitant d'Égine le contemple avec jalousie des bords de son île déchue ; il faudra que le navigateur, passant près de Salamine, l'aperçoive comme peint sur un fond d'azur, et emporte dans son esprit, avec cette image brillante, l'idée de la puissance et de la grandeur athéniennes. A ce titre, l'emplacement naturel du Parthénon est donc l'Acropole, d'où il domine largement la ville, la campagne et la mer.

La même considération a dû entrer pour sa part dans le coloriage éblouissant que l'artiste applique à son édifice. L'Orient avait fourni une tradition ; la Grèce l'adopte et l'approprie à son idéal. Autant la monochromie abstraite sied aux ruines que nous contemplons avec la mélancolie des souvenirs, car elle est elle-même un dépouillement, un effacement, autant l'éclat de la polychromie convenait à l'édifice national de la jeune Athènes ; c'était la vie, la joie, la richesse dans une sorte d'explosion, et demandant à la couleur de porter loin, plus loin encore, l'impression dont les citoyens s'enivraient orgueilleusement. Nos sens clignotants, nos esprits positifs ou rêveurs, ont peine à accepter ces heurts puissants, ces sonorités trop fortes; pour ces sens dispos, pour ces âmes encore simples, il n'y avait rien de trop dans ce déploiement des teintes les plus vives. Le Pœan ne se chantait pas à voix basse; ce n'était pas avec un coloris discret que le temple eût traduit pour les yeux l'hymne triomphal de la nation se glorifiant elle-même et voulant que les vibrations de sa grande voix portassent jusqu'aux limites de l'horizon.

Le Temple de Pallas Athèné n'est pas un édifice abstrait qui se dessine sur un ciel quelconque et pose sur un sol sans nom; il s'élève sur un sol réel dans un pays déterminé. Il est autre chose que ce monument modèle que le préjugé classique présente à l'admiration ennuyée de tous les siècles; il a grandi enveloppé, pressé de tous les côtés par une vie collective très concrète et il a gardé les formes de ce moule puissant. Le tribut de louanges qu'il reçoit des hommes cultivés de toutes les races n'en fera jamais un type d'architecture cosmopolite; il n'a pas seulement un pays, il a une patrie bien à lui dont il résume et couronne le large développement spirituel. C'est là qu'il faut le replacer pour le bien voir. Plusieurs des formes de sa construction, les reliefs, les profils, certains motifs de décoration, sont visiblement commandés par les conditions et les caractères du milieu physique : la nature des matériaux, la sécheresse et la pureté de l'air, la qualité de la lumière, de l'ombre et de la couleur, le dessin et, en quelque sorte, le modelé de la nature environnante ; le monument s'insère entre les lignes du paysage, il s'étudie à en imiter, à en continuer l'harmonie. Le plan et la construction d'ensemble, l'ordonnance générale et les grands partis n'ont point été dictés par les seules nécessités pratiques ou techniques, ils procèdent en partie de plus haut ; ils ne sont pas non plus l'œuvre de l'imagination seule, opérant sans le secours des autres facultés ; une âme complète y respire, et c'est cette âme de tout un peuple qu'il faut connaître pour les comprendre.

Supposez une société d'hommes chez qui les caractères de race, retenus à travers les migrations, puis ces migrations mêmes et les changements consécutifs de climat et de genre de vie, enfin les grands événements qui forment la partie contingente de l'histoire aient composé et fixé la physionomie psychologique dont voici les principaux traits : une sensation extrêmement fine et divisée, une perception extrêmement nette, une imagination tournée vers le dehors, peuplée rien que par le regard de contours simples et nobles, de sobres et délicats arrangements, qu'elle croit assez faire de reproduire quand elle crée pour son propre compte; au dedans, point de rêve intense et comprimé, émergeant à l'improviste par d'étranges images élaborées dans l'ombre et loin du modèle; une raison formée par la sensation même au goût et à la recherche de ce qui est distinct, suivi, ordonné; une impression répétée de la régularité des phénomènes, déterminant l'apparition capitale de la notion de loi, cause première et instrument de toute science; un besoin et un don de discourir qui ont produit une race de chroniqueurs et d'historiens, de dramaturges et de rhéteurs, et fondé à la fois la démocratie et le gouvernement oratoire; un idéal héroïque où le divin et l'humain se rejoignent à mi-hauteur, où l'âme, exempte d'inquiétude et de scrupules chagrins, croit trouver sa perfection dans la plénitude et l'équilibre d'un corps sain et florissant... autant de spécimens des causes profondes qui ont déterminé pour cette société d'hommes — où il est facile de reconnaître le peuple grec, — les idées que l'esprit peut se former du bonheur et de la destinée, de la beauté et de l'art, de la vérité et de la science, de l'idéal social et, en conséquence, de l'idéal moral. Je crois fermement que toutes ces idées, même les plus étrangères en apparence aux arts plastiques, comptent parmi les forces qui ont déterminé le caractère et les formes de l'architecture; j'ai essayé d'en discerner les effets sur le Parthénon lui-même, et s'il en était quelqu'une dont le sceau n'eût pas marqué en quelque sorte dans l'art monumental et n'y eût laissé qu'une empreinte vague ou brouillée par quelque surcharge, je me suis efforcé d'éclaircir et d'identifier cette figure incertaine en recherchant l'empreinte correspondante dans les autres champs de l'activité spirituelle, par exemple dans la poésie ou dans la politique. Le Parthénon est un syllogisme de marbre; la fleur suprême de beauté y échappe seule à l'analyse; tous les effets d'art qui portent et soutiennent cette fleur, qui en sont comme la racine et la tige sont décomposables, c'est-à-dire intelligibles; on peut donc aisément y retrouver la trace de ces grandes causes et de ces grandes idées qui ont leur siège au plus profond de l'âme l'humaine; on peut en suivre l'opération non seulement dans les grandes dispositions monumentales mais jusque dans le plus humble détail. C'est ce que j'ai tenté, et voilà pourquoi ce livre avait d'abord été intitulé : Philosophie de l'architecture en Grèce. Nous avons renoncé à ce titre qui promettait plus que nous ne pouvions tenir; nous n'avons pas renoncé à la conviction, dont ce livre devrait au moins avoir fait la preuve, que le Parthénon contient et cache toute une psychologie.

EXPLICATION

DE QUELQUES TERMES TECHNIQUES

N. B. — Nous n'avons pas pu joindre à cet écrit toutes les planches qui eussent été nécessaires à l'intelligence des termes d'architecture employés dans le texte. Cela eût changé le caractère de l'ouvrage et lui eût donné la physionomie d'un traité spécial. Nous avons donc jugé utile d'ajouter ici un certain nombre de définitions figuratives, destinées à éclaircir les parties les plus importantes du vocabulaire technique.

APOPHYGE, — rétrécissement de la colonne à sa base, qui fait que la colonne semble rentrer sous elle-même, comme le pied d'un iris.

TORE, — grosse moulure ronde en forme de boudin qui entre dans la composition de la base des colonnes.

SCOTIE, — moulure concave placée généralement entre deux tores.

GÉNÉRATRICES, — lignes de profil latéral de la colonne.

ENTASIS, — courbures que les Grecs imprimaient aux génératrices.

Annelets, — collier d'entailles à la base de l'échinus.

Rainures (de la colonne), — colliers d'une ou plusieurs entailles, plus bas que les annelets.

Gorgerin, — partie du fût comprise entre la rainure et les annelets.

Échinus, — tronc de cône renversé, à profil hyperbolique, qui s'évase sous l'abaque.

Abaque ou tailloir, — tablette qui couronne le chapiteau de la colonne et supporte l'architrave.

Architrave, — support horizontal continu posant sur les tailloirs et portant la partie supérieure de l'édifice.

Frise extérieure, — membre de l'entablement posé sur l'architrave. Il figure, dans l'ordre ionique, une bande continue ornée d'animaux ou de plantes ; dans le dorique, une suite alternante de faces moulurées saillantes, et de tablettes en retrait, lisses ou sculptées.

Triglyphes, — ce sont les faces moulurées dont il vient d'être question.

Métopes, — ce sont les tablettes lisses ou sculptées dont il vient d'être question.

Frise cellaire, — bande, le plus souvent continue, réservée à la décoration et située à la partie haute du mur cellaire.

Mutules, — tablettes ornées de gouttes et régulièrement espacées, formant relief à la face inférieure du larmier.

Larmier, — membre continu, taillé carrément, et faisant saillie au-dessus de la frise.

Cymaise, — moulure à profil ondé couronnant les membres supérieurs de l'entablement.

TABLE DES MATIÈRES

Préface v

LE MILIEU PHYSIQUE ET MORAL

Vues générales.. 3
I. — La géographie....................................... 16
II. — Les races.. 31
III. — Les faits excitateurs................................ 56
IV. — L'apogée.. 75

L'IDÉAL

I. — Siège et nature de l'idéal........................... 93
II. — Caractères généraux de la forme.................. 114

LES PRINCIPES PLASTIQUES

I. — Les sens... 139
II. — L'intelligence....................................... 182

LE TEMPLE

I.	— Considérations générales...................	220
II.	— La divinité, le culte, l'idole.................	223
III.	— L'édifice...................................	250

EXPLICATION DE QUELQUES TERMES TECHNIQUES........... 299

TABLE DES PLANCHES ET GRAVURES

Temple de Jupiter olympien.......................	63
Portique latéral du temple d'Erecthée.............	179
Colonne égyptienne..............................	192
Colonne égyptienne..............................	193
Colonne dorique.................................	195
Ordre ionique...................................	218
Ordre corinthien................................	219
Erechthéion.....................................	230
Temple d'Apollon (Bassæ)........................	232
Parthénon.......................................	233
Frise de la Cella................................	243
Coupe du Parthénon dans le sens de la longueur....	263
Métopes...	283

HORS TEXTE

Le Parthénon (état actuel).......................	I-II
Acropole (face ouest). Restauration d'après Marcel Lambert...	74-75
Statuette d'Athéné Parthenos.....................	124-125

Coulommiers. — Imp. PAUL BRODARD. — 684-96.

Armand Colin & Cie

ÉDITEURS

5, rue de Mézières, Paris.

PAGES CHOISIES DES GRANDS ÉCRIVAINS

Balzac (G. Lanson). 1 vol. in-18 jésus, broché, 3 fr. 50 ; relié toile. . . . . 4 »

Ce volume contient des récits extraits des principaux romans de Balzac : *la Maison du chat qui pelote, les Mémoires de deux jeunes mariées, la Femme de Trente ans, Béatrix, Eugénie Grandet, Pierrette, le Curé de Tours, les Deux poètes, le Père Goriot, César Birotteau, la Cousine Bette, le Cousin Pons, les Paysans, la Recherche de l'absolu*. On a donné une grande partie du *Colonel Chabert*. Ces morceaux ont été très rigoureusement choisis pour pouvoir être lus de tout le monde. On a préféré en restreindre le nombre et en augmenter l'étendue : des récits un peu amples et suivis seront toujours plus intéressants. On a écarté certaines œuvres très connues et très innocentes, précisément parce que ce sont celles qu'on met aux mains de tous les jeunes gens et jeunes filles : il était donc inutile de les représenter ici. Ainsi *Ursule Mirouet, Modeste Mignon*. On a fait une place à *Eugénie Grandet* et à *la Recherche de l'absolu* pour leur exceptionnelle valeur. On a essayé de présenter Balzac par les meilleurs côtés de son génie : il est incomparable dans l'expression des types bourgeois et de la vie provinciale; c'est ce que l'on trouvera surtout ici; au contraire, le mauvais roman et le fantastique obscur ont été écartés. Ce volume pourra guider les jeunes esprits vers l'observation des caractères et la connaissance de la vie. Une étude composée d'après la correspondance de Balzac fait connaître l'homme, sa vie, son humeur, ses goûts, tout ce qui peut, dans l'homme, expliquer l'œuvre. Des notices précèdent les extraits, toutes les fois qu'il est nécessaire, pour mettre le lecteur au courant des données du roman et des faits antérieurs.

PAGES CHOISIES DES GRANDS ÉCRIVAINS

Chateaubriand (S. Rocheblave). 1 vol. in-18 jésus, broché, **3 fr. 50**; relié toile. . . . . . **4** »

On ne lit plus guère aujourd'hui Chateaubriand *in extenso*. Il a trop d'art pour nos façons expéditives ; son verbe est trop ample pour notre goût étriqué ; enfin, peut-être aussi n'accuse-t-on pas sans raison chez lui une certaine monotonie, des formes surannées et, chose plus grave, un assez petit nombre d'idées.

Mais ces idées sont grandes, voire grandioses. Idées et style éclatèrent comme une magnifique nouveauté au lendemain de la Révolution, et le branle qu'elles donnèrent aux esprits, irrésistible et général au début, contrarié par la suite, poursuit encore aujourd'hui sa marche. Chateaubriand a vraiment « sonné le chant du départ du xix° siècle ».

Si la nécessité ne nous excusait déjà de présenter en fragments l'œuvre de ce poète en prose, on pourrait encore alléguer qu'il se prête plus qu'un autre aux extraits, aux « morceaux choisis ». Il abonde en cadres, scènes, tableaux. Même quand il raisonne, il ne peut s'empêcher de peindre. Ce sont ces peintures brillantes, si propres à charmer les jeunes imaginations, que l'on a rassemblées ici sous quatre titres, qui offrent comme le quadruple aspect de Chateaubriand écrivain : *Chateaubriand apologiste du christianisme* ; *Chateaubriand précurseur du romantisme* ; *Chateaubriand inventeur du poème en prose*, et *Chateaubriand voyageur*.

L'œuvre politique de notre auteur, si remarquable, mais si dénuée de sérénité, a été systématiquement écartée de ce recueil. En revanche, on a raconté quelques chapitres de sa vie, en attendant ceux que la prochaine vulgarisation des *Mémoires d'outre-tombe* nous permettra d'ajouter.

PAGES CHOISIES DES GRANDS ÉCRIVAINS

Cicéron (Paul Monceaux). 1 vol. in-18 jésus, broché, 3 fr. 50 ; relié toile. . . . . **4** »

On a réuni dans ce recueil les pages les plus célèbres et les plus belles de Cicéron, en y intercalant aussi d'autres morceaux moins connus qui aident à comprendre sa physionomie. Tous ses ouvrages importants sont ici représentés, et ces fragments sont liés entre eux par de courtes *notices*, grâce auxquelles on ne perd point de vue l'ensemble. On y étudie successivement l'avocat, l'orateur politique, le rhéteur, le philosophe, l'écrivain épistolaire. Une *Introduction*, complète et précise, permet d'embrasser d'un coup d'œil la carrière et l'œuvre de Cicéron.

On a donné un soin tout particulier à la traduction, qui est entièrement nouvelle. On a voulu, avant tout, être exact et satisfaire aux exigences de la philologie moderne. Mais on a voulu aussi être clair et lisible ; et l'on n'a épargné aucun effort pour que ces *Pages*, fidèlement traduites du latin, fussent aussi de vraies pages de français.

Ainsi conçu, ce volume est à la fois un livre de lecture et un livre d'enseignement. Il s'adresse d'abord aux personnes qui, ne sachant pas le latin ou l'ayant oublié ou n'ayant pas le loisir de recourir au texte des œuvres complètes, désireraient cependant se faire une idée juste de Cicéron. Les gens du monde, les jeunes filles curieuses de littérature ancienne, les étudiants y trouveront un manuel commode et un livre d'une lecture agréable et élevée.

PAGES CHOISIES DES GRANDS ÉCRIVAINS

Flaubert (G. Lanson). 1 vol. in-18 jésus, broché, 3 fr. 50; relié toile. . . . . 4 »

Ce volume contient la *Légende de saint Julien l'Hospitalier* presque en entier (sauf deux pages), d'amples extraits de *Madame Bovary* et de *Salammbô*, une vaste scène de la *Tentation de saint Antoine*, quelques chapitres de l'*Education sentimentale* et de *Bouvard et Pécuchet*, enfin de belles pages descriptives prises dans les récits de voyage de Flaubert (*Par les champs et par les grèves*). Une étude appuyée surtout sur la *Correspondance* fait connaître l'homme, son caractère et ses doctrines. On a pris pour maxime très rigoureuse de ne rien donner dans ce volume qui ne pût passer sous tous les yeux et s'offrir à tous les esprits. On a exclu non seulement les parties de l'œuvre auxquelles nul ne pourrait songer, mais celles même qui dans le détail eussent exigé trop de ratures et de mutilations. On n'a donc pris que les scènes qui pouvaient se transporter dans leur intégrité, ou avec de légères suppressions. Il a semblé que Flaubert était un artiste qui ne pouvait supporter un autre traitement, et qu'il fallait avoir un respect absolu de sa forme. On espère que le caractère de son œuvre se dégagera bien dans ces extraits : *Saint Julien* et *Salammbô* feront sentir sa puissance de décoration pittoresque; les fragments de *Madame Bovary* montreront sa puissance d'analyse. De la *Tentation*, on lira la scène du défilé des déesses, une scène prodigieuse d'épopée philosophique. On a voulu que ceux qui liront ce volume y trouvent une expression fidèle du grand artiste et du fort esprit qu'était Flaubert — sans compter l'intense et délicat plaisir que donnent ces récits pathétiques et ces tableaux pittoresques, d'un art si net et si loyal, si dédaigneux de tous les moyens faciles et vulgaires.

PAGES CHOISIES DES GRANDS ÉCRIVAINS

Théophile Gautier (Paul Sirven). 1 vol. in-18 jésus, broché, **3 fr. 50**; relié toile. . . . . . . **4** »

Théophile Gautier, qui s'était senti d'abord une vocation pour la peinture, est demeuré peintre durant toute sa vie d'écrivain.

On trouvera dans ce volume des fragments assez étendus du *Capitaine Fracasse*; ils sont reliés entre eux par de courtes analyses permettant de suivre l'action de ce roman d'aventures, qui reporte le lecteur au temps de Louis XIII. Puis avec *Militona*, nous voyons l'Espagne des *corridas* et des sérénades; le *Roman de la Momie* nous initie, en des pages pleines à la fois de charme et d'érudition, à la vie pompeuse et mystique des Pharaons. Le *Pavillon sur l'eau*, joli paysage chinois, l'*Enfant aux souliers de pain*, légende de la vieille Allemagne, et le *Nid de Rossignols*, touchante fantaisie, complètent les emprunts faits à Théophile Gautier romancier.

Le critique littéraire, le critique d'art est représenté par un heureux choix des meilleures études qu'il a consacrées aux écrivains de son époque, aux artistes de tous les temps, s'attachant moins à juger leurs œuvres qu'à rendre compte des idées qu'elles lui suggèrent et des sensations qu'elles lui font éprouver.

Au poète enfin appartient toute la fin du volume. On y lira avec plaisir les pièces les plus colorées, les plus artistement rythmées de l'auteur d'*Émaux et Camées*.

Toutes ces faces si variées du talent de Théophile Gautier sont exposées dans une intéressante introduction, qui fait revivre dans son milieu cette belle figure d'artiste.

PAGES CHOISIES DES GRANDS ÉCRIVAINS

J.-M. Guyau (ALFRED FOUILLÉE, membre de l'Institut). 1 vol. in-18 jésus, broché, 3 fr. 50; relié toile . . . . 4 »

Nul écrivain de notre siècle n'a, avec plus d'éloquence que Guyau, exprimé ce qu'il y a de meilleur dans l'âme contemporaine, sa foi présente et sa divination de l'avenir.

On a divisé les extraits en quatre parties : — I, *Art et littérature*; II, *Morale et éducation*; III, *Philosophie et religion*; IV, *Poésie*. Toutes les grandes œuvres de Guyau ont été mises à contribution. Les *Problèmes de l'esthétique* et l'*Art au point de vue sociologique* ont fourni des fragments admirables sur la poésie, la littérature et les arts. La *Morale anglaise*, l'*Esquisse d'une morale*, *Éducation et Hérédité*, contiennent des morceaux de la plus haute inspiration sur la générosité comme principe de la morale, la charité et le sacrifice, la paternité, le rôle de la femme et de la mère, l'éducation, la patrie, le problème social, sur toutes les questions qui, aujourd'hui, nous attirent et nous passionnent. Au livre capital de Guyau sur la religion, souvent mal interprété, on a emprunté des pages sublimes sur le fondement indestructible des religions et des philosophies, sur la destinée du monde et de l'homme.

Il n'y a pas une page, en ces extraits, qui puisse blesser aucune conviction, tant l'auteur a su mettre en pratique sa maxime d'universelle sympathie : Tout aimer pour tout comprendre. Grâce à l'intérêt actuel et à l'attrait pénétrant du style, ce livre est vraiment pour tous une sagesse condensée, quelque chose qui, pour notre époque, pourrait être ce que fut le *Manuel* d'Épictète dans l'antiquité. Avoir lu ces pages, c'est se trouver initié sans effort à ce qu'il y a de plus généreux dans l'esprit de notre temps et de notre pays.

PAGES CHOISIES DES GRANDS ÉCRIVAINS

Homère (Maurice Croiset, professeur au Collège de France). 1 vol. in-18 jésus, broché, **3 fr. 50** ; relié toile. . . . . **4** »

Homère est peut-être, entre les grands poètes de l'humanité, celui qu'il est le moins permis d'ignorer. D'ailleurs, il est également propre à intéresser de jeunes lecteurs par ses récits, tantôt héroïques, tantôt merveilleux, et à charmer des esprits déjà mûrs par la peinture, à la fois simple et profonde, des sentiments humains.

Ces *Pages choisies* contiennent une série de morceaux traduits, encadrés dans une analyse continue. On s'est efforcé, dans cette analyse, de resserrer toutes les parties du récit dont l'intérêt a diminué par l'effet du temps, par exemple les longues narrations de batailles ; et toutefois, en les abrégeant, il a paru bon d'en conserver autant que possible la couleur générale, les traits connus, les expressions souvent citées, ne fût-ce que pour mettre le lecteur en état de comprendre les allusions au texte d'Homère, si fréquentes chez les auteurs classiques. Quant aux morceaux traduits — et la traduction en est entièrement nouvelle, — ce sont d'abord les plus beaux, et ensuite un certain nombre de ceux qui caractérisent le mieux cette antique poésie. Il y en a d'étendus, tels que l'altercation d'Achille et d'Agamemnon, les adieux d'Hector et d'Andromaque. Il y en a aussi de fort courts : car, dans les récits même qui ont été abrégés, il arrive souvent qu'une comparaison de quelques vers ou un passage descriptif offrent des beautés de premier ordre.

Tel qu'il est, ce volume s'adresse en premier lieu à la jeunesse, même aux jeunes filles. Il s'adresse ensuite aux personnes qui, voulant relire Homère, y trouveront ce qu'il y a de plus admirable dans le grand poète, tout ce qu'il importe de ne pas oublier.

PAGES CHOISIES DES GRANDS ÉCRIVAINS

Lesage (PAUL MORILLOT). 1 vol. in-8 jésus, broché, **3 fr. 50** ; relié toile. . , ... **4** »

Lesage a été le père du roman en France. Ces pages montrent son talent de romancier sous ses aspects divers.

Le *Diable boiteux* est encore à peine un roman : c'est un piquant défilé d'ombres chinoises. On a conservé les plus caractéristiques, pour donner une idée du livre, qui n'est autre chose que la chronique parisienne de 1707.

Gil Blas a une bien autre portée : c'est le chef-d'œuvre du roman moderne, celui d'où sont venus tous les autres. On pourrait l'intituler simplement : *Histoire d'un homme*, d'un homme de condition et de vertu moyennes, longtemps ballotté par la destinée, et dont l'honnêteté, souvent trébuchante, se raffermit à la fin. On s'est efforcé de conserver intactes l'ordonnance et l'unité de l'œuvre, c'est-à-dire tout ce qui donne sa signification propre à cette ample comédie humaine, déjà digne de Balzac.

De *Guzman d'Alfarache*, d'*Estebanille Gonzalès* et du *Bachelier de Salamanque*, qui pâlissent à côté de *Gil Blas*, on a extrait seulement deux épisodes.

On a fait une large place à une œuvre à peu près inconnue du public et qui mérite de sortir de cet oubli, les *Aventures du chevalier Beauchêne*. Roman d'aventures, rempli d'héroïques faits d'armes; roman maritime, écrit avec amour par un fervent Breton; roman géographique, qui nous transporte successivement en Islande, aux Antilles, au Canada; enfin, roman historique et patriotique, car ce sont les authentiques mémoires (arrangés par Lesage) d'un vieux flibustier qui a fait toutes les guerres de Louis XIV. Ces pages ne sont pas celles qui plairont le moins aux jeunes lecteurs de ce livre.

PAGES CHOISIES DES GRANDS ÉCRIVAINS

Michelet (Ch. Seignobos, sous la direction de Mme Michelet). 1 vol. in-18 jésus, broché, 4 fr.; relié toile **4 50**

Les *Pages choisies de Michelet* ne font nullement double emploi avec les *Extraits historiques* que M. Seignobos a publiés pour répondre aux programmes de l'enseignement secondaire; mais on pense bien que l'historien se trouve tout de même représenté dans ces pages choisies.

Empruntées aux divers ouvrages de Michelet, elles ont été disposées dans un ordre qui répond au triple caractère de l'œuvre du maître : *Observation et glorification de la nature*, *Études sur le développement de l'humanité et les questions sociales*, *Travaux historiques*.

La *Nature* a inspiré à Michelet ces chefs-d'œuvre qui ont pour titre *l'Oiseau*, *l'Insecte*, *la Mer*, *la Montagne*.

A l'*Humanité* se rattachent *la Femme*, *l'Amour*, *Nos Fils* et tant d'autres études pleines de hautes pensées, où se révèle tout entière la personnalité de l'écrivain : des fragments des notes posthumes publiées sous les titres de *Ma Jeunesse* et de *Mon Journal* la font plus intimement connaître.

L'*Histoire* enfin, celle de notre France surtout, vient fermer le volume. Ici les extraits empruntés à l'œuvre capitale de Michelet ont surtout un intérêt littéraire et artistique et le plus souvent un caractère pittoresque et anecdotique.

Extraits historiques de J. Michelet, choisis et annotés par M. Seignobos, maître de conférences à la Faculté des lettres de Paris, seule édition autorisée, publiée sous la direction de madame Michelet. 1 vol. in-18 jésus, broché . . . . **3 »**

PAGES CHOISIES DES GRANDS ÉCRIVAINS

Mignet (G. Weill). 1 vol. in-18 jésus, broché, 3 fr.; relié toile. 3 50

La justice des jugements, la justesse des réflexions, courtes, raisonnables, profondes, telles sont les qualités dominantes de l'historien consciencieux que fut Mignet. On sait que, l'un des premiers, il vit s'ouvrir pour lui le trésor de nos archives diplomatiques. Il en sut tirer bon parti.

Son histoire, documentée, est en même temps « un spectacle plein d'émotions, une science féconde en enseignements, le drame et la leçon de la vie humaine ». C'est ainsi que lui-même définissait le but idéal de l'historien.

Les grands faits qui ont marqué le XVIe siècle en Europe, la Réforme, la puissance de Charles-Quint, rival heureux de notre François Ier, la vie et la mort de Marie Stuart sont, avec l'histoire de la Révolution française, le domaine préféré de Mignet.

Mais à côté des grandes figures et des scènes dramatiques de ces temps troublés, on trouvera mainte belle page sur notre XVIIe siècle, sur Franklin, dont Mignet avait entrepris de populariser chez nous le simple et grand caractère, et sur quelques personnalités remarquables de la période révolutionnaire et impériale. Secrétaire perpétuel de l'Académie des sciences morales et politiques, il consacra à ces hommes d'État, à ces savants, à ces philosophes qu'il avait personnellement connus, moins des éloges académiques que des notices historiques; on en a détaché des portraits aux touches discrètes et précises; une courte introduction retrace la digne existence du fidèle ami, compatriote et compagnon de lutte d'Adolphe Thiers.

Armand COLIN & Cie, Éditeurs, Paris.

PAGES CHOISIES DES GRANDS ÉCRIVAINS

Rabelais (E. Huguet). 1 vol. in-18 jésus, broché, 3 fr. 50 ; relié toile. . . . . 4 »

Rabelais est à la fois l'un des plus populaires et l'un des moins lus de nos grands écrivains. Certaines pages, certains chapitres même, détournent très justement de lui la plus grande partie du public, et font tort au reste de l'ouvrage. D'autres passages, franchement ennuyeux, rebutent le lecteur plus hardi. Enfin beaucoup des mots employés ne sont plus compris aujourd'hui.

Cependant rien n'est plus regrettable que cet isolement auquel Rabelais s'est lui-même condamné, et que le temps, en vieillissant sa langue, a rendu plus complet encore. Rabelais est un des meilleurs maîtres qui puissent former de jeunes esprits. Il fait aimer à tous ce qu'il a tant aimé lui-même, la justice, la vérité, la science. Les leçons portent d'autant mieux que sa sagesse est toujours souriante et douce. Il ne se contente pas toujours de sourire ; jamais personne n'a ri plus franchement, plus bruyamment que lui, n'a montré une gaîté plus saine et plus communicative.

Ces *Pages choisies de Rabelais* n'offrent au public que ce qui peut être lu par tous. Les extraits sont placés dans leur ordre naturel et reliés entre eux par de courtes analyses. Les notes, aussi brèves que possible, se bornent le plus souvent à traduire le mot embarrassant. Enfin, tout en conservant à l'orthographe son caractère archaïque, on l'a souvent simplifiée, en supprimant certaines lettres parasites qui auraient pu sinon dérouter, au moins fatiguer le lecteur.

Rabelais, sa personne, son génie, son œuvre, par M. Paul Stapfer, doyen de la Faculté des lettres de Bordeaux. 1 vol. in-18 jésus, broché. . . . . . 4 »

PAGES CHOISIES DES GRANDS ÉCRIVAINS

Ernest Renan. 1 vol. in-18 jésus, broché, 3 fr. 50 ; relié toile. . . . . 4 »

On n'a pas prétendu résumer en ce volume de pages choisies l'œuvre considérable et si multiple d'Ernest Renan. Outre qu'un volume n'eût pas suffi à donner une idée même incomplète des vastes travaux du philologue, de l'historien, du philosophe, du moraliste, il fallait écarter, dès le principe, tout ce qui ressortissait au domaine de l'érudition pure comme aussi tout ce qui présentait un caractère plus ou moins marqué de polémique. On a donc rangé sous quelques rubriques très générales : *Morale et philosophie, Histoire et religion, Littérature et critique, Souvenirs d'enfance et de jeunesse,* un certain nombre de morceaux soigneusement choisis pour mettre en lumière les principales faces d'une pensée qui a si fortement imprimé son empreinte à l'esprit moderne.

C'est ainsi qu'on a mis à contribution, pour la première de ces rubriques : l'*Avenir de la Science*, les *Drames philosophiques,* les *Questions contemporaines;* — pour la seconde : la *Vie de Jésus,* l'*Histoire d'Israël,* l'*Antechrist, Marc-Aurèle,* etc.; pour la troisième et la quatrième : les *Souvenirs d'enfance et de jeunesse,* les *Mélanges d'histoire et de voyages,* les *Essais de morale et de critique,* les *Discours et conférences,* etc.

Tel quel, ce choix a de quoi provoquer dans des esprits généreux une aspiration féconde vers la recherche du vrai et du bien. Il doit contribuer surtout à mettre les jeunes générations en commerce intime avec une haute intelligence, aussi séduisante que puissante, profondément religieuse et à qui rien n'a été étranger des plus nobles préoccupations de l'âme humaine. On y goûtera par surcroît la saveur unique de pages dès à présent classiques et d'autant plus dignes d'admiration que la beauté de la forme ne s'y sépare jamais de la sincérité du fond.

PAGES CHOISIES DES GRANDS ÉCRIVAINS

J.-J. Rousseau (S. Rocheblave). 1 vol. in-18 jésus, broché, **3 fr.**; relié toile **3 50**

Peu d'écrivains, parmi les auteurs réputés dangereux, ont écrit des pages aussi saines, aussi substantielles, aussi variées et attachantes que J.-J. Rousseau. L'excellent est chez lui de premier ordre, il n'y a qu'à le cueillir et à l'isoler de ce qui le gâte. C'est ainsi que, à l'aide d'un bon choix, Rousseau peut figurer au premier plan parmi les auteurs « nourriciers » de la jeunesse.

Sa vie, racontée et embellie par lui-même, offre une succession de tableaux d'une fraîcheur ingénue et savante; on a tâché d'en composer ici comme une petite galerie, où l'œil pût admirer en toute sécurité. Peintre de lui-même, Rousseau est aussi peintre des autres : et, s'il flatte moins ses semblables qu'il ne se flatte, quand il se décrit, la malice du lecteur trouve son compte à constater l'antithèse. Il était bon de mettre en regard le portrait du peintre et celui de ses modèles. Mais ce n'est point par ses tableaux de mœurs que Jean-Jacques a fait révolution en son temps. Ses attaques contre la civilisation et les belles-lettres, son système nouveau d'éducation, son déisme fervent et lyrique, son amour passionné de la nature, voilà les grandes nouveautés qui lui firent une place à part dans son siècle. C'est aussi sur quoi portent les plus nombreuses pages de ces extraits, destinés à mettre en lumière non pas ce qui fut l'excès ou le paradoxe éphémère, mais ce qui devait être la vérité du lendemain. Dégager d'une œuvre puissante, mais étrangement mêlée, ce qui a duré, ce qui durera, tel est l'esprit dans lequel a été composé ce petit livre, qui n'exclut aucune catégorie de lecteurs.

PAGES CHOISIES DES GRANDS ÉCRIVAINS

George Sand (S. Rocheblave). 1 vol. in-18 jésus, broché, 3 fr. 50; relié toile. . . . . . . 4 »

Vingt ans se sont à peine écoulés depuis la mort de George Sand, et nous voyons déjà en elle un classique. Elle l'est, en effet, dans la littérature d'imagination, par la merveilleuse abondance de son style, par la richesse de son invention, par ce goût toujours pur qui passa de son âme à ses livres, et qui la défendit toujours de ce qui est bassement pensé comme de ce qui est bassement écrit.

Il est donc temps de lui faire sa place parmi nos écrivains de chevet. Mais comment choisir dans cette œuvre touffue qui embrasse une centaine de volumes, dont vingt-cinq ou trente sont excellents? On a pris ici le parti le plus simple, celui de représenter les divers aspects du talent de George Sand par un groupement de pages empruntées de préférence à ses romans les plus connus, ou encore à ceux qui peuvent être mis en entier sous les yeux des plus jeunes lecteurs. On ne pouvait oublier dans ce choix la peinture si attrayante que George Sand nous a faite de sa famille et de sa jeunesse; quelques *Portraits contemporains* nous montreront aussi, chez la créatrice de tant de fictions, une observatrice pénétrante. Mais, sans doute, nos lecteurs se complairont surtout aux chapitres sur la *Nature*, les *Scènes rustiques*, les *Scènes romanesques*. Là, George Sand déploie tout son beau génie, soit qu'elle décrive les Pyrénées, Gargilesse ou Majorque; soit qu'elle fasse dialoguer ses paysans berrichons; soit enfin que, en des scènes attendrissantes ou chastement passionnées, elle nous conte la mélancolie de Jean de la Roche, les rêves de Jeanne la pastoure, ou l'extase artistique d'une élève du Porpora.

PAGES CHOISIES DES GRANDS ÉCRIVAINS

Adolphe Thiers (G. Robertet). 1 vol. in-18 jésus, broché, **3 fr.**; relié toile. **3 50**

En tête de ce volume destiné à faire connaître et apprécier l'œuvre de Thiers historien et orateur on a placé la préface qu'il écrivit en 1855 pour son *Histoire du Consulat et de l'Empire*, qu'il venait de terminer. Ces considérations sur l'Histoire en général et sur la manière de l'écrire sont l'exposé plein de bon sens et d'honnêteté de la conception qu'il avait du rôle et des devoirs de l'historien, des principes qui le guidèrent au cours de sa vie, qui ne fut, dit-il, qu'une longue étude historique.

Puis viennent, éclairés et comme mis en scène par de courts arguments, les épisodes les plus intéressants des préludes de la Révolution française, de ses journées, des victoires de ses armées improvisées comme ses généraux. Au milieu de ces hommes nouveaux qui étonnent la vieille Europe, on voit grandir le dictateur qui bientôt devient seul maître de la France, consul, puis empereur. Et nous voyons passer sous nos yeux les scènes rapides de cette prodigieuse épopée dont les derniers chants, si tristes, et si grands, sont la campagne de France, les Adieux de Fontainebleau, Waterloo et Sainte-Hélène. Un jugement de Thiers sur Napoléon Ier couronne l'Histoire de la Révolution française et celle du Consulat et de l'Empire. Le reste du volume contient des chapitres empruntés à l'*Histoire de Law*, à une étude sur la *Propriété*, et enfin des fragments des plus célèbres discours parlementaires prononcés par Adolphe Thiers.

Histoire de la Langue et de la Littérature française,

des Origines à 1900, ornée de planches hors texte en noir et en couleur, publiée sous la direction de M. L. PETIT DE JULLEVILLE, professeur à la Faculté des lettres de Paris.

MODE DE PUBLICATION ET CONDITIONS DE VENTE :

L'Histoire de la Langue et de la Littérature française formera **8 volumes** grand in-8 raisin, illustrés de **reproductions** et de **fac-similés** en noir et en couleur. — Cet ouvrage paraît par fascicules grand in-8 raisin, comme l'*Histoire générale* de MM. LAVISSE et RAMBAUD, à raison de **un fascicule** par quinzaine (le **5** et le **20** de chaque mois).

Le prix des fascicules des TOMES I et II, qui contiendront une ou plusieurs planches hors texte **en couleur**, — donnant des fac-similés de miniatures empruntées aux manuscrits de la Bibliothèque nationale, de l'Arsenal, du British Museum, etc., — est fixé à **2 francs**.

Le prix des fascicules des TOMES III à VIII, qui contiendront une ou plusieurs planches hors texte **en noir**, est fixé à **1 fr. 50**.

Le prix de **chaque volume**, broché, sera porté à **16 francs**; — soit, pour l'ouvrage complet, **128 francs**.

Prix de l'ouvrage en souscription : On peut souscrire dès maintenant à l'ouvrage entier en adressant à MM. ARMAND COLIN et Cie, éditeurs, 5, rue de Mézières, Paris, la somme de **110 francs**. — *On peut souscrire également chez tous les Libraires.*

Les souscripteurs qui auront versé la somme de **110** *francs recevront les fascicules au fur et à mesure de leur apparition, même si le nombre des fascicules venait à être augmenté.*

www.ingramcontent.com/pod-product-compliance
Lightning Source LLC
Chambersburg PA
CBHW050756170426
43202CB00013B/2451